一直以為爸媽不會老

年逾花甲之後，父母都會成為自豪又自憐的矛盾結合體。

理解了，你就知道該怎麼幫助父母過得更好。

日本應用老年學會理事、大阪大學大學院教授
佐藤真一／監修
北川夏／漫畫、插畫
李友君／譯

マンガで笑ってほっこり
老いた親のきもちがわかる本

目錄

第三章 總是讓人不知所措 151

【推薦序一】

別急著解決問題，先試著了解父母各種行為的原因

弘道老人福利基金會執行長／李若綺

我曾聽過一則溫馨動人的故事：長大成人的孩子，面對逐漸年邁的父母，發現他們不只活力與記憶力都衰退，連生活也不順遂。他想起孩提時期，父母以「孩子你慢慢來」耐心的呵護，於是回報「爸媽您慢慢來」的溫柔，幫助父母度過餘生，孩子回過頭來陪著父母終老，從此傳為佳話。

故事裡的孩子認為，就像帶小孩一樣，只要投以無數的耐心、包容與陪伴，就算對象換成是父母，這個做法也適用吧。

他開始陪父母散步、耐心的教父母使用3C、整理房間、笑著聽他們一直重複年輕時的豐功偉業……一開始滿順利的，他認為就像陪小孩慢慢長大一樣。

後來，他開始搞不懂爸媽到底在想什麼，怎麼這麼難捉摸，一下子不要陪散步，卻嚷著要自己開車出門；家裡越來越多囤著不用的雜物；而且開始會講一些人老了不中用的話。於是他漸漸覺得跟教孩子不同，小朋友多教幾次就會了，可是爸媽卻老是忘記。他甚至認為，爸媽故意要跟他唱反調。

我讀完本書，才發覺自己與年邁父母的關係與相處方式，原來一直在改變。

對於單純懵懂的孩子，我們的耐心教養是從無到有，一點一滴的讓孩子建構出屬於他的體力與人格；反觀年邁的父母，集人生智慧與歷練於一身，有自己的想法，但又時常讓人捉摸不定。畢竟大人的生理與心理，遠比單純的孩子都要來得複雜許多，加上老化改變了身心狀態，讓一切行為再加上一層層的變化，這不是單靠耐心與溫柔就可以讀懂。

心理學提到人們面對重大改變，會採取接受、抗拒、積極堅強或是態度消極等方式面對，長輩面臨身心老化的改變何嘗不是如此，因此子女若發現父母有些行為改變，別急著解決事情，試著了解父母各種行為背後可能的原因，再來對症下藥。可參考書中許多的案例，了解長輩們想要什麼、執著什麼。

與年邁父母互動時，耐心、體貼是最低標準，本書每項案例的「窩心建議」也是很好的方法。這讓我想起教小孩時，為了要讓孩子聽懂、鼓勵與引導孩子，必須不斷的動腦想方法與舉例說明。果然養小孩會變聰明，同理可證，用心與年邁的父母相處，也會變聰明吧！

【推薦序二】

每個人都會老，所以要體會、學習老後狀況

媽媽 PLAY 親子聚會負責人／**陳安儀**

我八十二歲的父親與七十歲的繼母，和我住在同一個社區，相隔只有一條巷子。我的婆婆今年也是七十歲，跟我住在同一個屋簷下已經超過十八年。身為長女、長媳，我經常要和這三位性格迥異的長者相處，而且照顧他們是我的責任，陪伴他們也是我的義務。當然大多時候我覺得自己十分幸福，擁有家人的愛與關懷；但隨著他們日漸年老，有時候也不免傷透腦筋。

正如同這本《一直以為爸媽不會老》所描述，我父親極不服老。他

每天一大早起來種花、鋤地，明明走路已走得搖搖晃晃，卻堅持自己健步如飛；他喜歡去圖書館看書、看報，明明公車站牌都看不清楚了，卻堅持不肯動白內障手術；搭公車時有人讓座給他，他還為此生氣：「稱呼先生就先生，幹嘛叫我『老先生』？」我每每為了讓他就醫，卻費盡心思。

然而，如同本書所說，後來我發現，父親不喜歡去醫院，的確是因為怕麻煩，也害怕診療結果不如預期，更不想改變既有的生活習慣。因此，我後來不厭其煩的替他掛號、陪他手術，即使我必須遠從外地飛車回臺北，開五十公里的車，帶他去離家不到一公里的地方就診，但是在我耐心的解釋治療的好處，並且陪在他身邊之後，父親終於成功完成白內障手術。

我婆婆的「症頭」也不少，雖然七十歲的她看起來很健康，但是很多方面都嚴重退化。本書中所列的狀況，我每讀一節，就忍不住喊一聲：

「賓果！」除了家裡電話記不得、地址講不全之外，家務做得越來越草率、說話誇大其辭、天天重複老掉牙笑話……有時候實在忍不住想翻白眼。看了書之後才理解，原來老人家的「短期」記憶力會逐漸減退，而且為了要贏得注意力，有時會編造、誇大故事，所以遇到這種情況也無須動氣，只要自己能分辨出真假就好。

每個人都會老。我們尚未經歷衰老，難免覺得跟年老的父母、長輩相處起來十分困惑、甚至困擾。本書監修者佐藤真一是心理學、行為學的專家，由「初老」的他來寫這些年輕人面臨的「老人問題」，真是再貼切不過了！再加上可愛的漫畫，讀起來輕鬆詼諧，不但實用，還一針見血的解決疑惑。這是一本所有人都適合閱讀的書：老了之後的狀況，我們不但要體會，也要學習，才能快樂的迎接銀髮時代的來臨！

【序】讓你笑中帶淚的高齡心理學

人類是一種滑稽的生物。例如同樣是人，老人家卻時常出現荒謬的行為，不過，要是大家只認為他們的行為讓人很困擾，或是在找麻煩，這個社會對高齡者將越來越不友善。

一個人的生活越可悲，在別人的眼中就越顯得滑稽。有個耳熟能詳的笑話是，高齡人士將眼鏡掛在額頭上，後來他想看小字，卻找不到眼鏡，於是拚命的尋找，這幅模樣在旁人看來非常好笑。照理說眼鏡就掛在自己的頭上，當事人卻沒有發現，還因為找不到而到處翻，於是這股拚勁就顯得更加可笑了。

我每天都會反省自己的生活，最近發現自己老是重複做一樣的事：到處尋找重要的文件；常因忘記事情而感到慌亂；明明是自己弄錯了，卻屢屢責怪別人，然後自顧自的陷入低潮。注意到這點後，我重新反思和冷靜思考，也認為那些行為真的很滑稽且令人困擾。

我迎向花甲之年後，越來越容易感受到自己的可悲之處。我從學生時期專攻心理學，現在成為相關研究人員，專門探索年紀超過四十歲的人的心靈。現在我即將步入老年，跟高齡人士似乎更能感同身受。因此我發現，自己越來越靠不住，跟過去自信滿滿的我背離，這種狀態正是老年人的模樣。

已近高齡的我想要拜託各位讀者一件事，那就是老人家身上同時具有兩種特質：自豪和可悲，所以要溫柔的照料他們。但要注意，「溫柔」不是光看表面來判斷，人類行為的背後原因五花八門，希望大家能了解事出必有因。

開頭提到「人類是一種滑稽的生物」，相信各位已經看出這句話不只適用於老年人。人們互相接觸，進而建立關係，因而欣賞、相互砥礪。但是，假如想法跟方法稍有偏差，人與人就會越來越疏遠。若想避開這個問題，只要認同彼此、相互勉勵，人們就可以輕鬆過活，也可以安然離世。

希望各位讀者能透過這本書，在親子關係上了解彼此。

當父母年事已高，自己成為大人後，各種事情就會改變，親子關係更會產生大幅變化。

站在兒女的立場多半會覺得驚訝或不可思議，父母的言詞和行動竟然跟過去自己印象中的形象不同，這會讓子女感到有壓力，再加上還要照護對方，應該有不少人會筋疲力盡。

這本書會以漫畫和簡單的文章，說明年邁雙親似懂非懂及可能招人誤解的心態和行動。另外，書上也會提供出現苦惱時，能立刻實踐的建議和貼心提示，既可以開心閱讀，還可以讓親子心意相通。

承蒙朝日新聞出版的鈴木晴奈小姐和端香里小姐，提出體貼老人心的獨特企劃，給了這本書出版的機會。北川夏先生的漫畫巧妙擷取老年人和家屬互動的一面，相信可以誘發高齡讀者的親切感和溫馨感。另外，我要誠心感謝 Word 股份有限公司的荒井麻理小姐屢次透過洽談，將這本書從架構到文章統統修潤成出色的內容。

身為監修人，強烈期盼這本書能夠送到許多讀者的手上，這樣我們的努力就有回報了。

登場人物介紹之一

跟公公婆婆住
母親一個人在遠方生活

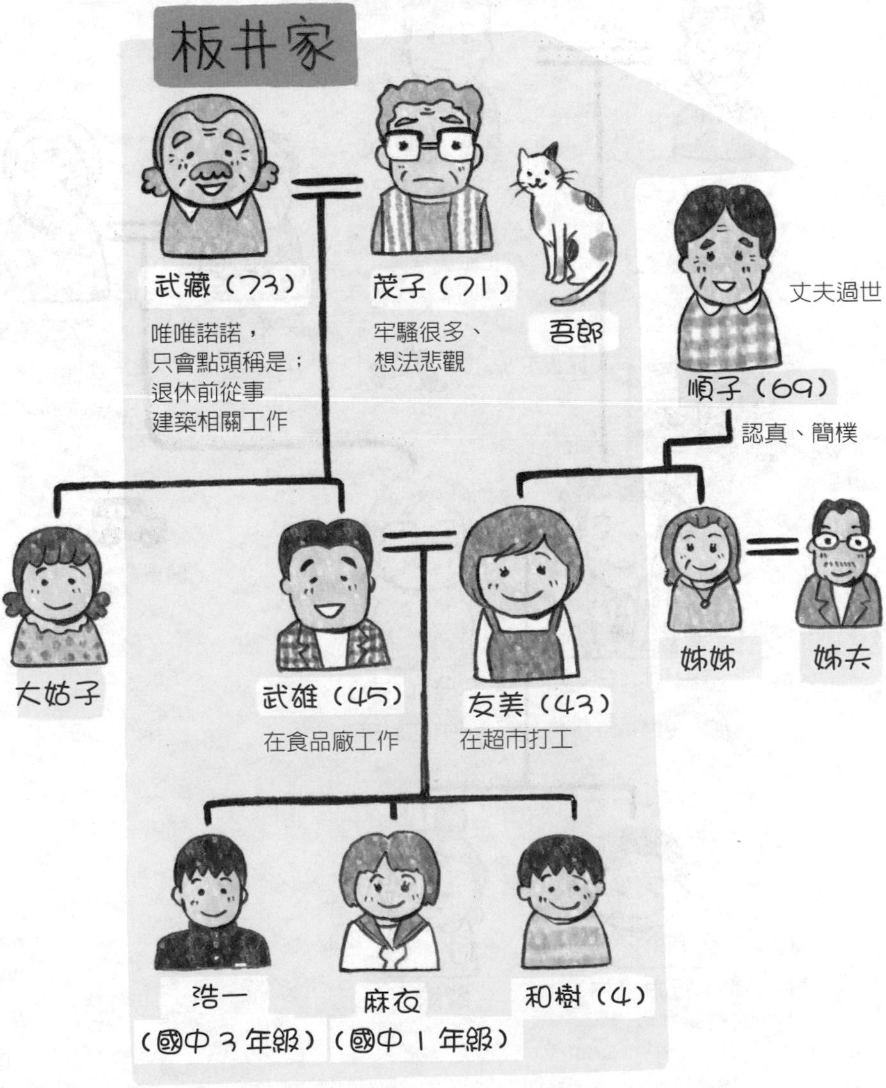

板井家
武藏（73）
唯唯諾諾，
只會點頭稱是；
退休前從事
建築相關工作
茂子（71）
牢騷很多、
想法悲觀
吾郎
順子（69）
丈夫過世
認真、簡樸
大姑子
武雄（45）
在食品廠工作
友美（43）
在超市打工
姊姊
姊夫
浩一
（國中 3 年級）
麻衣
（國中 1 年級）
和樹（4）

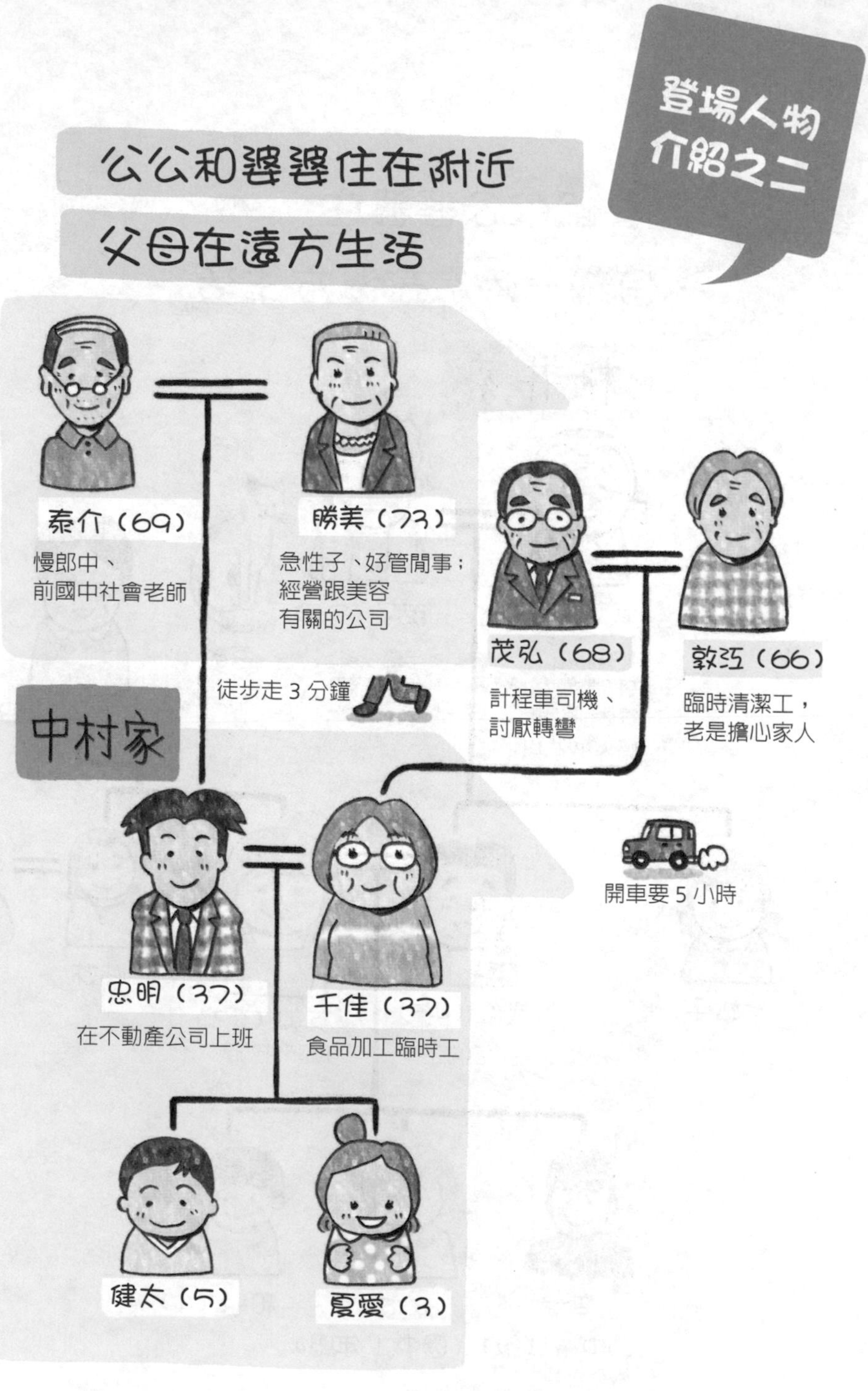
登場人物
介紹之二
公公和婆婆住在附近
父母在遠方生活
泰介（69）
慢郎中、
前國中社會老師
勝美（73）
急性子、好管閒事；
經營跟美容
有關的公司
茂弘（68）
計程車司機、
討厭轉彎
敦江（66）
臨時清潔工，
老是擔心家人
徒步走 3 分鐘
中村家
開車要 5 小時
忠明（37）
在不動產公司上班
千佳（37）
食品加工臨時工
健太（5）
夏愛（3）

登場人物介紹之三

跟罹患失智症的母親同住

婆婆在養老院生活

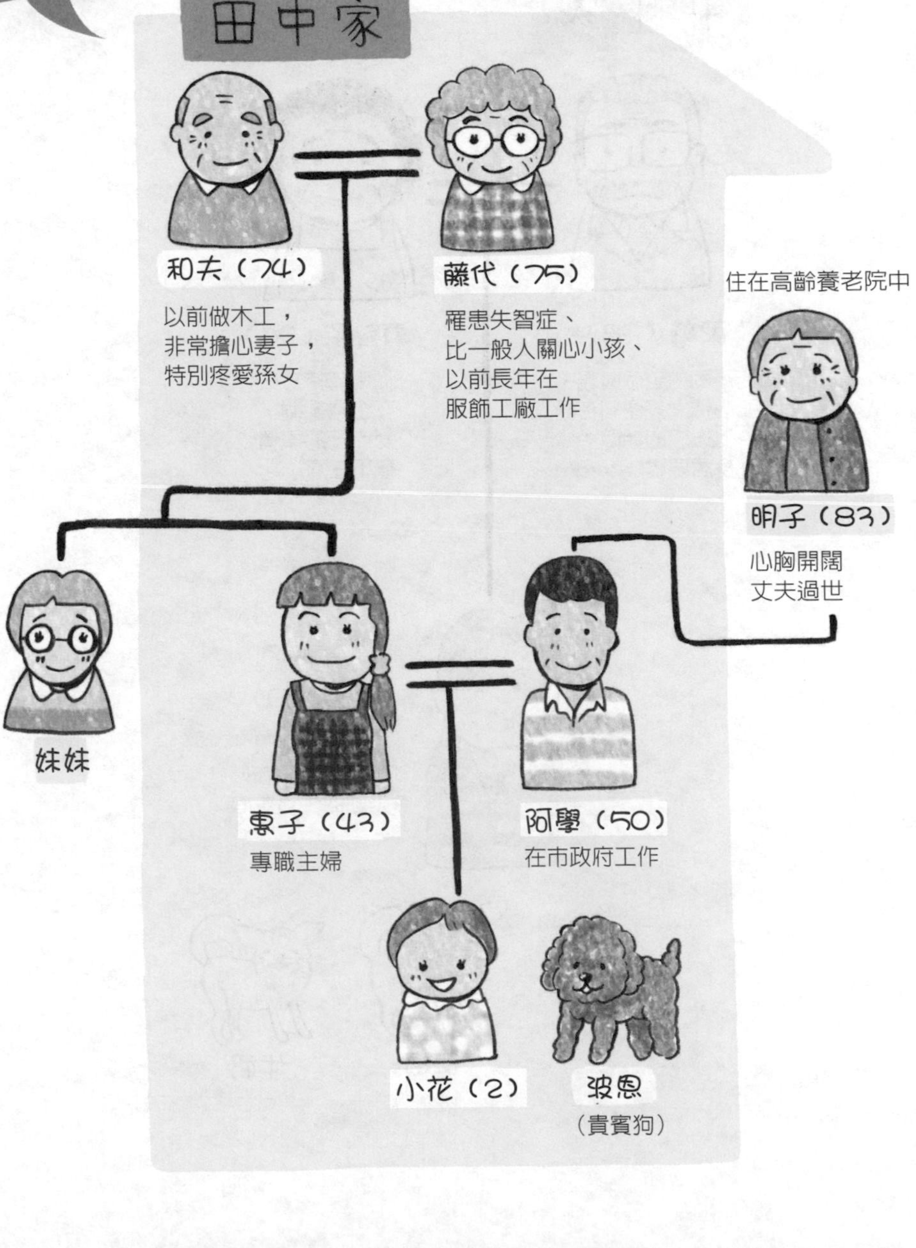
田中家
和夫（74）
以前做木工，
非常擔心妻子，
特別疼愛孫女
藤代（75）
罹患失智症、
比一般人關心小孩、
以前長年在
服飾工廠工作
住在高齡養老院中
明子（83）
心胸開闊
丈夫過世
妹妹
惠子（43）
專職主婦
阿學（50）
在市政府工作
小花（2）
波恩
（貴賓狗）

登場人物介紹之四

父母跟單身的女兒同住

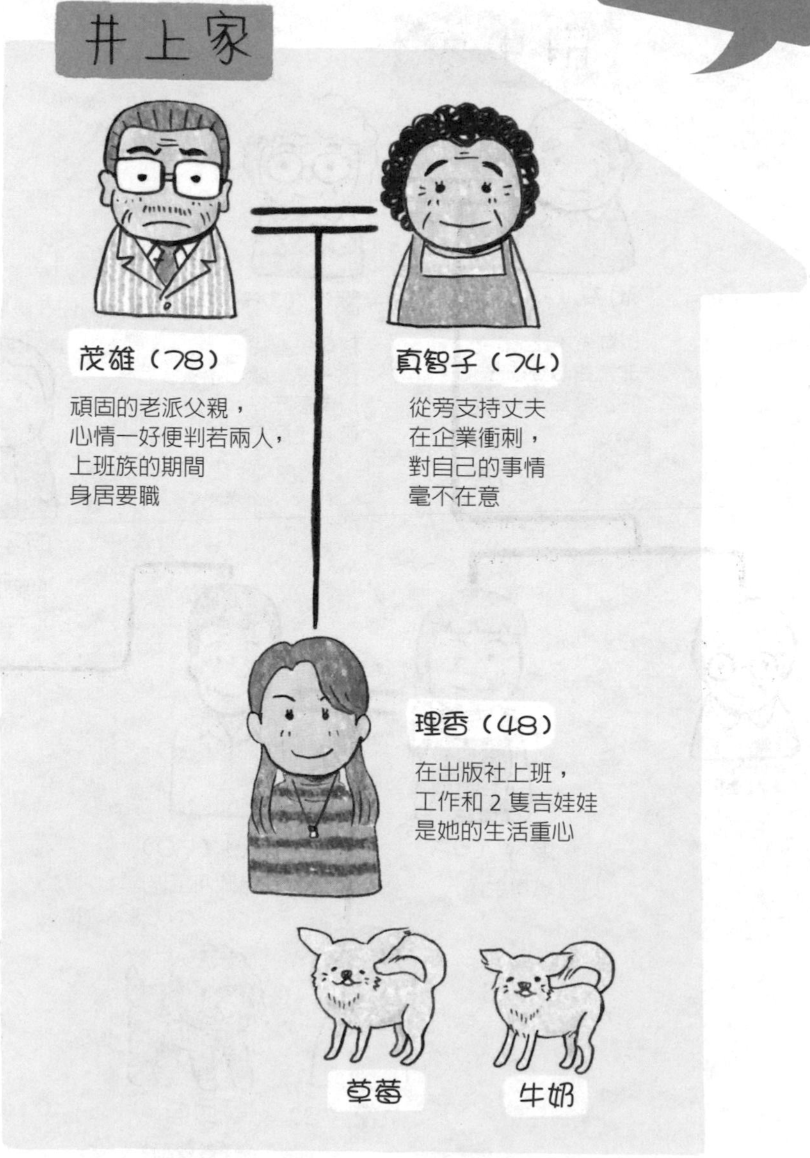
井上家
茂雄（78）
頑固的老派父親，
心情一好便判若兩人，
上班族的期間
身居要職
真智子（74）
從旁支持丈夫
在企業衝刺，
對自己的事情
毫不在意
理香（48）
在出版社上班，
工作和 2 隻吉娃娃
是她的生活重心
草莓
牛奶

第一章 家人好擔心

父母的角色是保護孩子，

帶給兒女安全感。

最近我卻覺得爸媽靠不住，變得很脆弱。

老是讓人擔心。

01

每次拜託老媽去看病，總得上演倫理悲苦戲

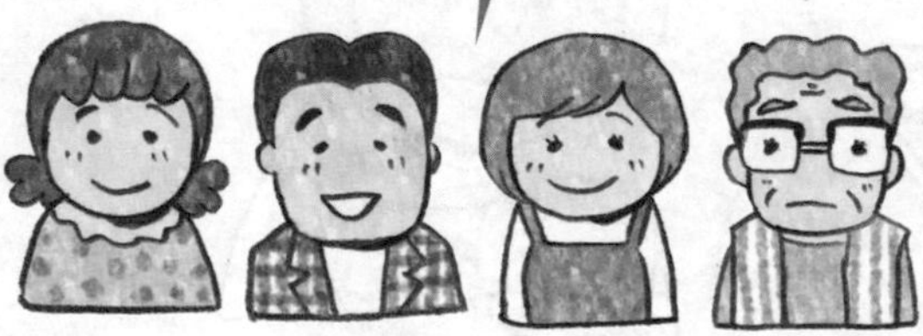

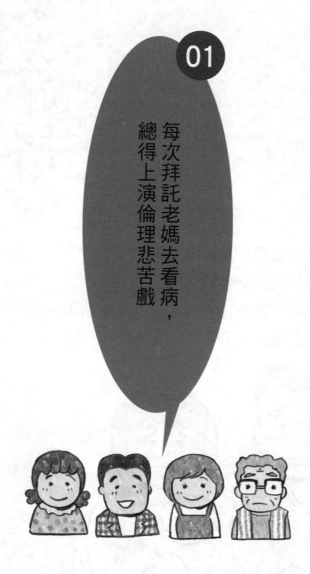

啊～好痛喔！
啊～累死人了！
您老是唉唉叫
別硬撐了，
去醫院檢查不就好了！
沒有糟到要去
醫院吧…
那您就別再說什麼
好痛或累死人了哦。
媽看起來
真的很難受。
那就拜託大姑子看看吧…
我好擔心媽，
連晚上都睡不著啊
!!
哇啊啊啊啊
媽！拜託您
快點去醫院看看吧！
哇啊嗚嗚嗚
既然妳都說到這份上了…
不愧是前劇團成員。

01 不去醫院，是想逃避結果

子女擔心年邁雙親的身體，所以才會勸父母去醫院檢查身體。但是他們固執己見，不肯老實去檢查，讓人越來越火大。

長輩不肯去醫院的理由之一，是覺得麻煩。一想到出門要換衣服、準備健保卡和其他要攜帶的東西，接著出門到醫院、掛號、花時間等待及結帳付錢，就不由得懶惰起來了。

第二種不肯求醫的情況是「料想到診斷結果會很糟」。一般來說，當年齡增長，很有可能發現某些疾病。越自豪以前活得很健康的人，就越害怕診斷結果。他們不想破壞現在平穩的生活，希望自己一直都不知道體內有疾病存在，所以拒絕檢查。

萬一發現高血壓和其他慢性疾病，就必須為了治療定期去醫院、限制飲食、改變生活習慣。老年人不喜歡這些，自然就忌諱求醫了。擔心發現疾病，不想讓生活受到限制，這種心態年輕族群也會有。我們要盡量體貼父母的感受。

窩心建議

要告訴父母，早點發現疾病，早點治療的重要性。求診時也別忘了幫忙換衣服，**陪在他們身邊。**

02

媽，妳為什麼就是不肯好好吃藥？

媽，為什麼您不吃藥呢？
藥物
撇頭
我又沒生病。
我是擔心媽的身體才會這樣說的。
撇頭
我全身上下都沒病！
真是的！鬧夠了沒！
不吃藥怎麼行！
那個到底是什麼藥啊？
呃～是什麼呢？
就算醫生開了毒藥，這孩子也要讓我吃…

02 看了醫生卻不肯吃藥

就算爸媽去醫院看診，若沒有服用處方藥，身體也不會真的改善。當父母堅決不吃藥，我們也沒輒。為什麼許多老年人拒絕服藥呢？

現在的醫療越來越進步，世界各地的醫療團隊不斷的開發新藥，且效果獲得認證。吃藥，對年輕族群來說是很正常的事，假如身體不舒服，許多年輕人會毫不猶豫的服藥。

然而，長輩就不同了。在他們那個年代，生了病會採天然食療（多吃小黃瓜可以降血壓、吃梨治咳嗽……）。因此他們認為要是身體不舒服，就要找別的方法治病而不是吃藥。另外，醫院開的現代藥物通常是以人工化合物製造而成，父母輩也會懷疑其安全性。

當老爸、老媽不吃藥時，**子女要仔細說明藥物有什麼功效，同時告知**

這藥很安全，讓他們安心。只要父母明白孩子是在熟知他們身體狀況的前提下，鼓勵他們服用安全的藥物，相信父母的想法也會改變。

窩心建議

父母不吃藥，是因為對現代的藥物不夠熟悉，做子女的要花點心思解釋。

03 爸，路上三寶夠多了，拜託不要再多你一個

（按：車子後面貼了好幾張高齡駕駛的標誌，深怕別人看不見，可見這位老先生對自己的駕駛技術沒信心。）

03 三寶駕駛的開車技術

高齡父母開車和騎車總讓大家捏把冷汗，因此兒女多半希望他們不要駕駛，不然等到發生什麼意外就太遲了，但這個想法卻遭到父母反彈。看在孩子的眼裡，真是一個頭兩個大。

追根究柢，父母本人多半沒發現自己的駕駛能力退步了。儘管法律規定老年人必須參加講習、做認知功能檢查，讓他們察覺到自己駕駛能力下降了，但即使如此，深信自己還能開車的人依然不在少數。越是保持零事故守規則的優良駕駛，就越不肯承認駕駛能力變差，反而認為別人故意刁難，於是堅持要開車上路（按：臺灣於二〇一七年七月正式實施高齡駕駛人駕駛執照管理制度，規定七十五歲以上長者必須於三年內，到監理單位接受體檢及認知測驗、換照）。

另外，人的年齡漸長以後，腰部和腿部就會衰弱，又不懂電車售票機的使用方法，所以很難一個人出遠門。換句話說，汽車在老年人眼中，是個只要懂得駕駛就能來去自如的工具，更是確保自己行動的最後堡壘。

光是開口叫父母不要開車，對他們來說太苛刻了。這時要記得幫爸媽找出代替汽車的交通方式，以及找到不須開車也能做到的生活意義。

窩心建議

安全起見，理想的方式是繳回父母的駕照。但不要強迫父母別開車，而是要鼓勵他們在徒步範圍內，享受散步、慢步的樂趣。

04 一天到晚在我面前說「好想早點死」

（按：三途川是佛典中分隔陰間和陽世的河流。）

04 老把「好想早點死」掛在嘴邊

當老爸、老媽說出「好想死」時，家人聽到後總會感到驚訝。爸媽說這句話時到底在想什麼呢？

如果是健康、有活力的人，其實先想到的不是立刻往生。「既不可能馬上死掉，我也不會積極求死。但也沒有特別想活著的欲望」——人年紀大了，往往不會執著活著。「好想早點離開」這句話，可以當作長輩在同儕之間隨口說說的話題。

真正要擔心的，反而是有病在身或無依無靠的老人，他們不想變成周遭人眼中的負擔，才有感而發。年紀越大就越需要別人照顧，但老年人卻找不到機會報答他人。於是父母「不想添麻煩」的心情，就會化為言詞變成「好想早點死」。

所以我們需要先認清自己的父母是「隨便想想」，還是「不願給別人添麻煩」。

窩心建議

假如老人家是隨口說說，大可不必過度擔心。對於不想人添麻煩的父母，我們平就要委婉**告訴父母，他們並不是累贅。**

05

被詐騙集團騙了

實錄！
這就是銀髮族詐騙！
媽，今天之內要是不能把錢準備好，我就會被公司開除啊。
重現影片
於是A女士就慌張的轉帳120萬日圓。
這世上也有笨蛋父母啊。要是我就絕對不會被騙。
說起來我這個人就是不會打從心底相信別人。
這樣啊。
要是兒子失敗了，我連一毛錢都不會出！
我對錢可是很吝嗇的。
最後要介紹銀髮族詐騙受害者的特徵。
① 覺得只有自己不會被騙。
② 把受騙的老年人當成笨蛋。
③ 自己疑心病重，所以沒問題。
④ 認為自己對錢很吝嗇，所以沒問題。

05 父母被詐騙的原因，是想幫孩子

「喂！是我啦！」電話詐騙、退稅詐騙和其他鎖定銀髮族的犯罪手法越來越多，甚至有不少案例是騙走老人家所有存款。不曉得自己的父母什麼時候會被盯上，實在讓人提心吊膽。為什麼老人家會落入圈套呢？

長輩對「有賺頭」這種話沒有抵抗力。他們跟還在職場工作的年輕人不同，沒辦法自己憑勞力賺錢，聽到騙徒說「可以賺錢」就容易衝動行事。再加上年紀大了，害怕複雜的計算，於是很難發現某些詐騙的陷阱，其實只要仔細想想，根本虧大了。

另外，高齡人士有一個心態是「想要幫子女的忙」。而部分電話詐騙正好切合「想要幫助孩子」的心理。所以越是覺得「只要有錢，就能幫上忙」的人，越容易受騙。

最棘手的狀況是，父母深信「自己夠小心，所以不會受騙」。就算反駁他們也沒用，孩子只能自己多加留意。要防範電話詐騙，重點在於平常密切溝通。只要長輩熟悉孩子的聲音和生活狀況，被騙的機率就會降低。

窩心建議

父母「孤單寂寞」也是容易受騙的原因之一，兒女平常要努力主動跟他們溝通。

06

這不算是酒，是發泡酒

啊！爸爸！
咕嚕咕嚕
又喝那麼多啤酒！
昨天不是才跟媽說好，一天只喝一罐啤酒嗎！
咕嚕咕嚕
我沒有破壞約定喔！
這不是啤酒。
。原料
發泡酒（麥芽、
酒精成分 4.5%
。容量 350ml
是發泡酒啦！

06 用「希望你長壽」，取代「希望你戒掉」

家人希望父母長壽，所以想要他們戒掉每天飲酒和高鹽飲食。然而期盼歸期盼，要父母改變這些習慣簡直是天方夜譚。當兒女考慮到爸媽的身體狀況時，這些問題讓人越來越心煩。

父母的心態是「剩沒幾年能活，喜歡的東西幹嘛忍著不吃？」除非發生肝臟惡化、血壓上升或其他較嚴重的事，不然爸媽根本不會改掉惡習。

飲食習慣的觀念隨世代而有變化。以前食物並不豐富，飲食是為了填飽肚子，所以老一輩的人不在乎攝取的營養到底夠不夠，直到最近，人們才有了注重節食和健康的觀念。而老人家至今仍然缺乏為了健康而吃的想法，不會控制分量和內容。

長壽的祕訣是在每天的生活當中選擇喜歡的東西，而不是強迫自己忍耐。讓父母充分享用喜愛的食物，過著隨心所欲的生活也是一個方法。

附帶一提，長命百歲活到老的高齡人士，通常喜歡吃高蛋白和高卡路里的肉類。

窩心建議

我們在對父母說「希望你能戒掉壞習慣」的同時，也要傳達「希望你長壽」的心意。

07

父母不會慢慢變老，都是突然變老的

妳要多保重身體喔。
媽也是。
嘟嚕嚕嚕嚕嚕
岳母的白髮變得好多啊。
兩年前明明還很黑的。
喀啦匡隆
得認真想想以後的事情才行。
明明之前妳把頭髮染得很漂亮……妳應該知道女兒會回來吧？
茶友
沒關係、沒關係，我是特地不染的。
假如不這樣做，他們連一通電話都不會打給我。

07 父母突然變老，讓人好吃驚

看到好久不見的父母變得比記憶中蒼老，子女會擔心「爸爸、媽媽的身體是否有什麼毛病」。假如彼此分開住，爸媽老化情況會更嚴重，於是孩子開始認真煩惱以後該怎麼支持父母走下去。

人的外貌突然變老時，就代表他自知年事已高（老化自覺）。以前的人在察覺到自己年老之際，多半會無可奈何的接受事實。然而，最近日本將年老當成壞事，抗老成了主流價值觀。實際上，現代人的身體狀況在七十五至八十歲時，不會下降太多，在這之後則容易衰退。人面對自身年邁的時間不多，因此我們可以理解，人年老後，突然面臨死亡時，會感到恐懼、甚至大受刺激而猝然蒼老。

最理想的方法是在父母八十歲之前，從壯年期的後半段開始，讓他們慢慢面對、接受老化。無論父母或子女都要落實到生活中。只要做好心理準備，就可以將衝擊控制到最低限度。

窩心建議

只要知道和留意父母什麼時候會老，衝擊也會變小，能夠做好準備支持父母走下去。

08 要長輩戒菸，像是要了他老命

醫生都說過了，您的腎臟數值很差，要把菸戒掉。
即使這樣還不肯戒菸嗎？
要我戒菸還不如死了算了。
真是的，隨便您啦！
咚咚咚咚
三年後——
爸已經完全不再吸菸了呢。
還不是因為妳要懷孕生孩子。
他之前還說什麼不如死了算了，
孫女的力量真厲害啊。
與其說是為了孫女。
倒不如說是為了妳的孩子啊。

08 直接告訴他二手菸的可怕

雖然我們知道香菸對身體有害，公共場所也大都禁菸。即使如此，若年邁的父親每天抽很多菸，會讓家人非常擔心（按：抽菸會傷害呼吸道，使肝易受感染，進而破壞免疫系統。在臺灣，每年至少兩萬人死於菸害）。

在過去，抽菸給人成熟的印象。時尚、穩重的男人吞雲吐霧的模樣，看起來很帥氣。

然而現在情勢改變。長年抽菸的人無法馬上適應環境變化，所以很快放棄戒菸。除此之外，抽菸讓人暫時受到尼古丁的影響而放鬆心情，所以他們戒不了。

至於部分老人的心態是「餘生苦短，就讓我繼續抽吧」。哪怕想要嘗試戒菸，同樣在抽菸的朋友往往會挖苦他，讓他半途而廢。

實際上，除非發生二手菸害家人生病或其他決定性的問題，否則要戒掉絕非易事。與其告訴父母為了他們本人的健康要戒菸，不如拜託他們，為了不給周遭的人添麻煩和家人的健康而不抽，這樣或許比較有效。

窩心建議

就算戒菸對身體有益，強迫對方戒菸，也會對他的精神造成不良影響。告訴老人家二手菸的可怕之處也是方法之一。

09

我找不到假牙啊

不在這啊。
沙沙沙沙
您在找什麼東西啊？
我找不到假牙啊。
喂，剛才媽的嘴巴裡有假牙吧？
窸窸窣窣窸窸窣窣
假如沒套上假牙就會缺了門牙。
簡直就是頭上掛著眼鏡找眼鏡嘛。
你有沒有看到我的眼鏡？
這樣講更過分了。
孩子的媽，妳找到我的假牙了嗎？
還沒喲。
什麼啊，是在找爸的啊！

09 東西轉眼就不見？就當它神隱吧！

「鑰匙在哪裡？」、「錢包在哪裡？」老人家總是不停在找東西。當父母提出這些問題時，家人總會被扯進來，還得幫忙搜索一番。說實在，這種狀況若太常發生，家人難免會覺得麻煩。

人老了之後，同時注意兩件事以上的能力（分配性注意力）就會衰退。假如高齡者在放鑰匙和錢包的同時，若意識集中在別的事情上，他們會完全忘記自己把鑰匙和錢包放在什麼地方。

當長輩遺失東西時，家人會忍不住說「怎麼又不見了？」、「要小心別弄丟」。然而分配性注意力的能力低落，是老人家避免不了的問題。希望各位的家人在弄丟東西時，能把這件事當作是「神隱現象」（按：某人或物被神怪隱藏起來），以免彼此累積壓力。

要解決這個問題，我們從平常就要盡量把家裡整理乾淨。只要選好固定的置物地點，或許就可以減少「東西不曉得放在哪裡」的狀況了。

窩心建議

人一旦變老，注意力就會低落，這是很正常的。如果又有東西不見，就當作是神隱現象吧。

10

就算住再大的房子，我只需要用到一個房間

幾乎只用到這個房間
佛壇
神龕
主房一樓
玄關
廚房
以前的兒童房
以前的兒童房
主房二樓
偏房一樓
偏房二樓
以前的屋子將廁所和浴室蓋在外面
廁所
男廁所
更衣室
浴室

10 兒女想要同住，父母卻堅持獨居

父母明明年紀一大把了，卻堅持獨居。要是出了什麼意外，還真叫孩子擔心。

兒女感受到父母體力衰退之後，會考慮和爸媽同住，想要照顧他們，通常大家會說孩子很孝順，但真的是這樣嗎？

當父母的體力明顯衰退時，雖然子女會照顧父母，但從老人家的角度來看，就是欠了人情，而且日後沒有機會還這份人情。對爸媽來說，此時親子的力量關係逆轉，兒女的立場變得比父母強勢。人在力量關係不均衡時會感到痛苦。這種情況之下，父母自然會選擇輕鬆自在的獨居生活。跟看似孝順的兒女同住，對父母來說是心理上的負擔。

無論在什麼時代，跟父母同住都是難題。

假如父母希望獨居，那就不要勉強他跟孩子住一起，試著找出其他的解決方案，像是利用看護設施和居家看護服務等。

窩心建議

將「為了照顧父母，所以跟他們同住」的想法放在一旁，試著利用看護設施和看護服務吧。

11 是垃圾還是寶物？

公公的房間就不能想辦法整理嗎？
唉～
先生的祖父撿回來的玩偶
過期的中元節禮品
帶有裂痕的舊盤子
以前的雜誌
諸如此類⋯
以我的立場不能叫他丟掉。親愛的，拜託你了。
改天吧。
哎呀，130萬日圓！從垃圾場撿來的西洋畫。
哇哇
價值高達130萬！
說、說不定連老爸我也有寶物喔！
不可能、不可能。

11 雜物堆到家變成垃圾場

過期的食物、出現裂痕的餐具、破掉的衣服……有些老年人的家裡會塞滿根本用不到的東西，有的人家裡甚至像一間垃圾屋，強行幫他們整理可能會引起爭執，但不管的話房間會很雜亂，怎麼做都讓人煩惱。為什麼老人家會把東西囤積起來呢？

其實都是些雞毛蒜皮的理由。因為還可以吃、還可以用、總之先拿了再說……當老人家一次次「先拿再說」的時候，其實早就沒有精神和體力整理堆積如山的雜物了。

垃圾分類很複雜，這也是造成物品囤積的原因之一。不要的鞋子該歸類為哪種垃圾？破掉的餐具呢？相信許多年輕人也被這個問題困擾很久。就算設法整理出要倒的垃圾，卻常常搞錯分類的方法，不但不能回收，還被當場丟進垃圾車裡，除了感到難為情，更把倒垃圾視為麻煩。

要清除垃圾山，**最快的方法是陪他們一起慢慢整理**。訣竅在於先告訴父母什麼是「絕對用不著的東西」。

窩心建議

1. 整理東西要親子一起來做。
2. 從衣櫃的一層、房間的一角收拾起，不要一次做太多。
3. 要告訴父母倒垃圾的日子在哪幾天。

12

膝蓋痛、腰痛、牙齒痛……

（按：「板井」跟「好痛」的日文發音相同。）

12 父母動不動就喊這裡痛、那裡痛

為什麼老人家頻頻在說這裡痛、那裡痛呢？剛開始聽到他們這麼說時，我們會擔心，但幾次下來，也會讓人忍不住抱怨「怎麼又來了」。雖然孩子多少會懷疑長輩是否真的不舒服，但是父母有事又不能不理，真是難為。

假如疼痛持續太久，或是痛到受不了倒還好，但若只是有點痛、還可以忍受，成年人通常不會隨便說出口。一般來說，他們會自行判斷要不要去醫院。

然而年紀大了，身體不適的情況會越來越多，覺得疼痛的次數也跟著增加了。再加上患有重大疾病的可能性也很高，所以高齡人士一旦感到疼痛，就會變得不安，並把這件事告訴周圍的人。

假如是會為別人著想的人，就算覺得痛也多半不會說出來。然而光是咬牙忍耐，往往也會演變成無法挽救的狀況。從某方面來看，老爸、老媽誠實說出身體不舒服還比較讓人放心。

有時只要兒女願意傾聽訴苦，老人家就會滿足。但如果父母身上同樣的地方痛很多次或痛很久，我們就要注意了。

寬心建議

父母老實告訴子女哪裡痛，就證明彼此心靈的距離很貼近。我們要傾聽父母說哪裡痛，以免遺漏疾病的訊號。

13 「我不要緊」、「我沒有感冒」

媽，您好嗎？
我很好喔。
咳咳咳咳
咦？您感冒了？
我沒有，我沒有。
咳咳咳咳
真的不要緊嗎？
不要緊，不要緊。
咳咳咳咳
這可不是感冒，只是有點嗆到而已。
咳咳咳咳
岳母她還好嗎？
她患了非常嚴重的感冒。
呼——好險，好險。
咳咳咳咳
差點就讓女兒擔心了⋯
藥物

13 不想受制於人，所以拒絕孩子的照顧

就算我們想要從旁支持父母，有時父母也不會輕易接受。當子女的關懷遭到拒絕之後，自然會感到難受。

讓他人照顧自己，也就等於受制於別人。就算原本有自己的步調，但在有人照顧時，就必須配合對方的節奏。照顧者出手相助時，會帶著「這樣做效率比較好」的想法行動，所以只要受到照顧的人稍微出錯，就會擾亂彼此的步調。父母之所以拒絕幫助，或許就是預料到這一點。

「自己決定自己要做什麼」就稱為「自主決定」。比方說由自己判斷今天打算穿什麼衣服、做什麼菜來吃、什麼時候洗澡，這些也是「自主決定」的一種。當人無法自己決定事情，就會累積壓力，嚴重時還會變得有氣無力。

兒女要幫助父母時，要記得以父母的步調為優先，強硬的幫忙反而會造成老人家的壓力，或是等父母拜託之後再幫也可以。

窩心建議

出手相助時不能只想到效率，要以父母的步調為優先。

蟑螂啊⋯⋯多虧有你，我才能保住父親的威嚴。
啪啪啪啪
啪啪啪啪
啪啪啪啪
啪啪啪啪

第二章 實在很苦惱

父母年紀大了，性格也變了。
不但頑固不聽兒女的勸告，
還常常引發意外事件，
要我們收拾善後，真的很苦惱。

01

爸媽老待在家，很礙事

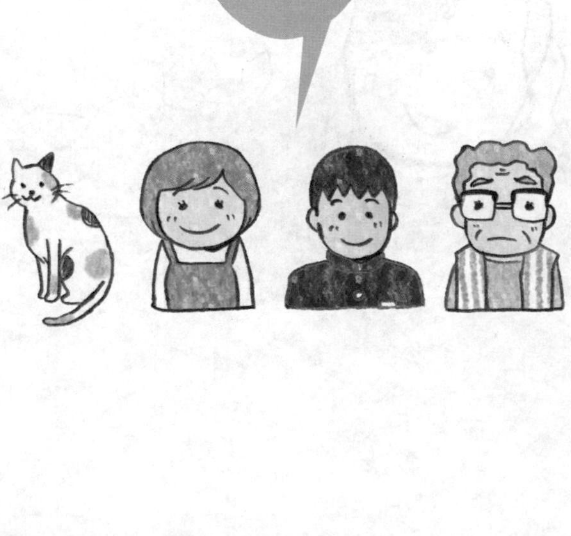

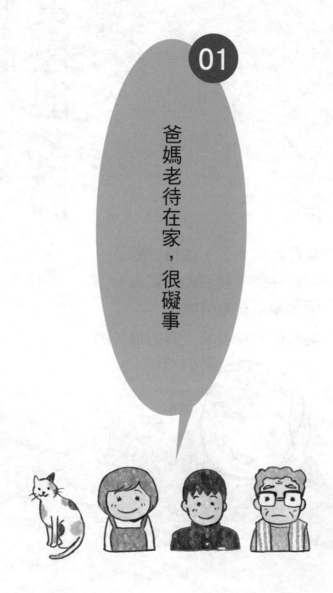

浩一也是，吾郎也是，礙事！真礙事！
隆隆隆隆
浩一
吾郎
真是的！
你們總是閒著不做事！
既然不幫忙打掃家裡的話，
還不如出去外面算了！
你們這些懶蟲看了就礙眼！
呼嚕嚕嚕
其實她是在向婆婆說話，
呼嚕嚕嚕
婆婆卻充耳不聞…
呼嚕嚕

01 爸媽只想窩在家閒著沒事

有不少人在邁入老年後，整天窩在家裡看電視度日。假如子女忙著做家事時，看到老爸、老媽在一旁悠哉，會忍不住抱怨一、兩句。而且父母每天都這樣悶在家、沒有活動身體，子女也會擔心他們的健康狀況，同時希望他們能多出門走走。

不管子女怎麼說，其實長輩認為窩在家裡很輕鬆，可以毫無顧忌的做自己想做的。**假如要外出，就得安排行程、思考去哪裡做什麼、該怎麼去、服裝也必須穿戴整齊**。要是能順利做好準備倒是無妨，但人**老了之後就會逐漸失去這種能力**，於是老人家不知不覺害怕外出。

年輕人習慣預估後果、設想未來，即使告訴老人家不外出容易痴呆，腰部和腿部也會衰退。他們也只認為這些勸告無關緊要，反正現在沒有痴呆，腰部和腿部也沒有衰退，所以成效不彰。

想讓年邁的父母外出，就要記得幫他們製造「出門之後，可以見到誰」的正向動機。

窩心建議

試著告訴父母，社會上正在推動無障礙環境，而且出門可以見到某人，或許他們就不怕外出了。

02

老媽出門老是不帶手機

媽，為什麼您出門總是不帶手機？
我們會擔心您啊。
我連去田裡時，都有帶啊。
騙人。
妳怎麼能說爸媽騙人！
一定是妳最近都沒打到手機上來啦。
鏘
市話分機

02 老爸老媽拒帶，因有監視感

孩子會擔心住在遠方的父母，所以希望他們把手機放在身邊，以便能隨時聯絡。然而，就算不斷叮嚀父母，他們仍常常不肯帶手機出門。

爸媽不肯攜帶手機的原因之一，是難以養成習慣。到哪裡都帶手機，注意有沒有來電聯絡、假如電池沒電了就充電，這些行為是現代社會的生活模式，老年人因此覺得陌生、不習慣。甚至有許多高齡人士記不住操作方法。因此，最後他們往往會放著手機不管，電池沒電也不充電，就這樣一直擱在家裡。

另外，手機讓人覺得被監視。隨時都有電話打進來必須接聽的拘束感也一樣惱人。由於在心態上抗拒這點，因此排斥使用手機的老人也很多。

孩子要記得顧慮父母的感受，以免他們對於持有手機感到壓力。假如手機行不通，就要選擇不造成父母負擔的方法，比方像是附有ＧＰＳ功能的鞋子等。

窩心建議

要仔細向爸媽解釋手機的使用方法，陪他們熟悉操作方式。不必教太多功能，只要讓父母會接電話、打電話和充電就夠了。

03

看電子郵件要等30分鐘

您看過電子郵件了嗎？
我傳了和樹的
生日照片過去。
外婆給的禮物
讓他非常開心。
咦？
電子信件，
等一下⋯
信封的圖案
那就是電子信箱的按鈕。
咦？哪個哪個？
好小啊⋯
我果然還是不懂
3C產品啊⋯
但我真想早點
看到照片！
要別人幫忙啊。
那就拜託
阿弘堂弟
開電子郵件吧。
阿弘
阿弘
我剛好在附近辦事
可以去，不過只有這次喔。
嘩啦嘩啦
噗噗噗噗噗
開車要30分鐘⋯
怎麼還不快點來呢⋯

03 父母記不住數位儀器的使用方法

最近數位儀器和家電產品進步速度令人瞠目結舌。拜這之賜，生活變得相當方便，然而有不少老人家永遠記不得使用方法。雖然為了讓他們理解，兒女會再三解釋基本的操作方法，但久了之後，這段過程也會讓人覺得很麻煩。

老人家不習慣數位儀器和家電的「階層結構」。比方說使用微波爐加熱酒，操縱方法通常要依循幾個步驟：要先從「微波爐」和「烤箱」等選項中，選取「微波爐」模式，接著再按好幾次按鈕，選擇「熱酒」。老人家不熟悉這種做法，也會覺得複雜。因為在他們那個年代，一種家電通常只有一項功能，就算出了什麼問題，只要敲下去就好了。

而且，年紀大了之後，就算出錯，也很難馬上改變曾做過的行為。使用數位儀器時，要是按下的按鈕達不到自己的目的，老人家也不知道該怎麼做，才能回到之前的狀態。

錯誤的開端在於我們深信年邁的父母，能跟自己一樣純熟操縱數位儀器。他們需要的是充分的協助。

窩心建議

複雜的功能會讓老人家混淆。幫長輩買東西時，要盡量選用按鈕少、字樣大的產品。

04 老家的家電怎麼換都是舊款

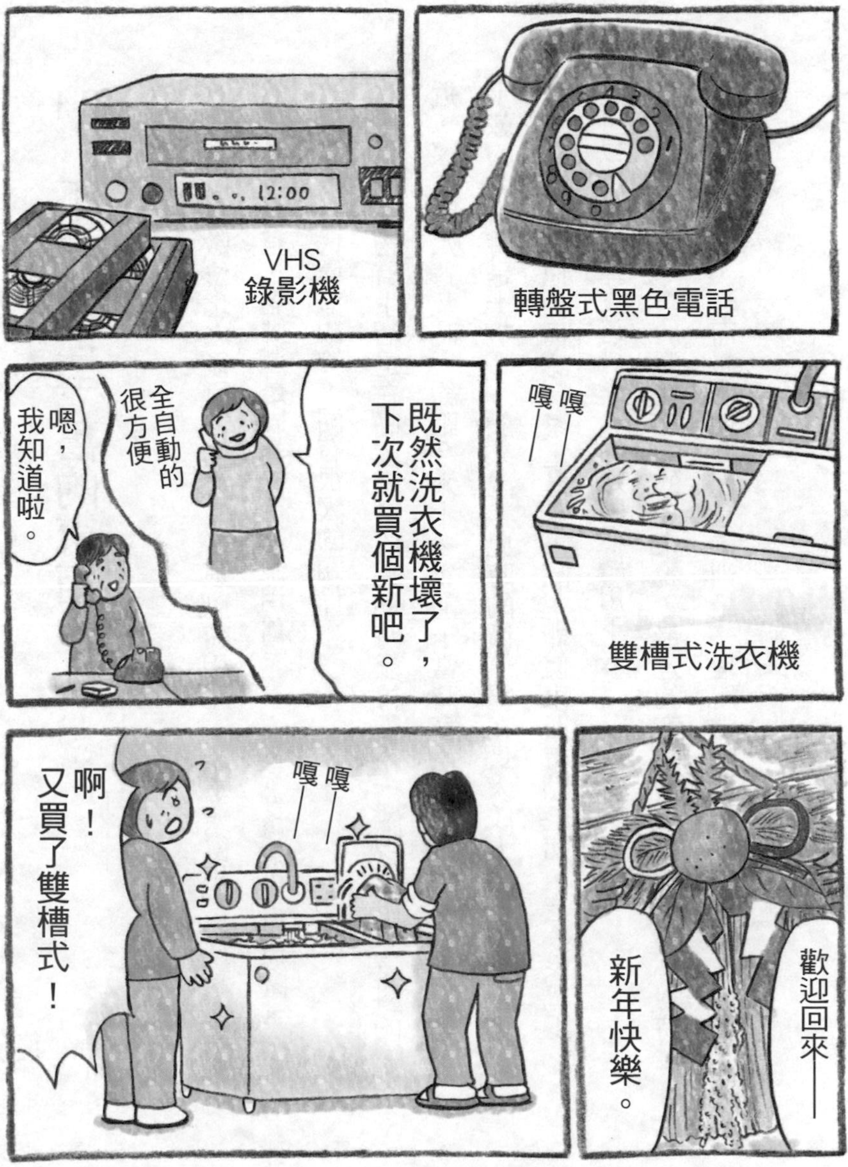
轉盤式黑色電話
VHS
錄影機
12:00
嘎嘎
雙槽式洗衣機
既然洗衣機壞了，下次就買個新吧。
全自動的很方便
嗯，我知道啦。
歡迎回來——
新年快樂。
嘎嘎
啊！又買了雙槽式！

04 不肯丟掉老舊的東西

家電在數位化之後變得很方便，跟以前相比，家事變得相當輕鬆。雖然如此，老爸、老媽還是固執的持續使用舊家電，讓子女覺得不可思議。

這跟世代價值觀的不同有很大的關係。

我們的物質生活是在高度經濟成長期時變得豐裕，離現在出乎意料的近。家電開始普及時，約距今六十多年前，當時家電屬於貴重品。現在七十歲的人當時是十歲，一般來說，兒時的價值觀在長大成人之後，幾乎不會改變，所以他們仍認為家電是貴重品。即使東西有點毛病，老人家覺得還可以用，丟掉太可惜了，於是就繼續用下去。

話說回來，對於還在工作的人來說，最近的家電是「要稍微小心對待的精密儀器」，然而對小朋友而言，則是「理所當然會有的日用品」。或許無論什麼時代都會存在這樣的代溝。

另外，對父母那一輩來說，他們比較習慣樣式舊的家電，用起來感覺很順手，**只要尊重父母的選擇即可**。

窩心建議

對物品的價值觀會因世代而有很大的差異。覺得好用的東西也會因世代而各有不同。即使是舊型產品，只要父母覺得使用順手即可。

05 所有家人、親戚都得參與……你是誰啊？

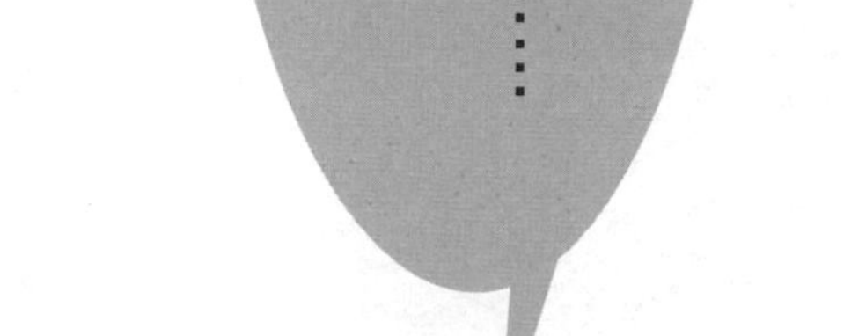

奶奶的第13年忌日要叫哪些親戚過來？
連阿和、和美紀都要叫過來才行。
不必叫那麼遠的親戚過來吧？
他們兩個幾乎沒跟奶奶見過幾次面。
就算這樣，既然是自己的奶奶，就一定要來。
叫他們來，對方反而更難拒絕吧。
他們又不能空著手過來，
光是交通費也要花上好幾萬日圓。
反正叫他們來就對了，妳不想叫的話，我就自己去叫。
咦~？
當天
不認識的面孔好多啊…
叩叩叩叩叩叩叩叩~

05 死板的遵守習俗

當兒女配合父母的想法，按照習俗做事時，總會想要抱怨一、兩句。像是「用不著做到那種地步吧」，或是「現在很忙，就饒了我吧」。

老人家會遵守規矩到不知變通的地步，是由於「承諾」的力量在發揮很大的作用。「承諾」是想要讓自己言行合一，一個人要是沒有滿足這點，就會覺得不痛快。舉個例子，跟店員說要買某個東西之後，就很難改口說不買，原因就在於此。

另外，「承諾」的力量越大，作用就會越強。就算明知該放棄，但想到以往花費的勞力、時間和金額龐大時，強力的「承諾」就會發揮作用，有時就沒辦法放棄。

爸媽持續守了幾十年的禮俗當中，「承諾」也會發揮強力作用，於是就變成非得按照習俗做事不可。

假如這時子女輩說：「用這個代替規定，希望事情統統交給我辦。」以新的方式進行，也許父母也能輕鬆點。

窩心建議

突然要父母改變習慣是件難事。試著**說服他們把事情統統交給自己**，簡化流程、改變形式。

06

「你說過了」，「你沒說過」

計程車怎麼就是不來啊？
丈夫
爸爸，您確定有預約早上7點的車嗎？
妳在說什麼啊？
妳不是說妳會叫車嗎？
咦？我說由我去叫車之後，
您就說您會叫了吧！
不過之後，妳就說由妳聯絡啊。
我沒說過！
說過了！
沒說！
說了！
你覺得我們哪個對？
親愛的！
阿學！
咦？

06 父母只記得對他們有利的事

各位的父母是否只會說他們想說的事，讓家人不禁懷疑，他們是不是有意避開對自己不利的事情呢？

其實這點跟記憶的機制有很大的關係。我們獲得的體驗和知識，會透過眼睛、耳朵或其他感覺器官，汲取到大腦中。汲取的資訊會經過篩選，接著把剩餘的部分傳送到「海馬迴」，然後就在這裡變成「短期記憶」暫時保存下來。

短期記憶幾乎隨著時間經過而消散。不過，也有些記憶會透過不斷回想、與其他事物結合，變成「長期記憶」保存。就算事過境遷，也只有長期記憶能回想並說出來。

老人家的感覺器官衰弱，獲得的資訊和知識會變少，而短期記憶轉換成長期記憶的能力，更是嚴重下降。因此，老人家才會將有限的能力用在正面的記憶上。

父母不是有意只說他們想說的，而是因為高齡所致。我們要適當的將這些話當作耳邊風。

窩心建議

人老了之後，記憶會消除，所以要適時把父母的話當耳邊風。

07

爸媽的一片心意，讓我變更忙

有什麼東西灑出來了…
嗯？
公公！
燉東西的湯汁！
滴答
滴答
我看妳好像總是很忙，所以自己能做的就自己做…
滴答
滴答
啊～忙死了！
擦乾擦乾

07 辦不到的事情硬說「辦得到」

我們怎麼看爸媽都應該做不到的事情，他們卻堅信自己沒問題而付諸行動。我們戰戰兢兢的看著他們處理，果然不出所料……最後必須由我們收拾善後，對還在工作的人來說相當困擾。

人們老了之後，總是以為自己比實際上還年輕。調查結果指出，六十或七十幾歲的日本人，覺得自己比實際年齡年輕六至七歲。美國的調查結果是，七十幾歲的男性覺得自己比實際年齡年輕了十九至二十歲，女性則以為年輕了二十八歲。

話雖如此，以前的日本重視行為「與年齡相符」。就算偶發事件讓自己明白實際的年齡，跟想像的年齡有所差距，也能很快接受自己的表現跟年齡一樣。

然而現在的社會提倡抗老，人們認為自己能夠貼近想像的年齡是件好事。這種風潮當中，老就只有負面意義。因此，高齡人士往往不認老。

當父母魯莽的行動讓各位擔心，或造成麻煩時，請大家稍微想想「父母不想衰弱的心情」。

窩心建議

當父母想要幫忙時，我們可以找事情給他們做。要讓老人家有信心，讓他們覺得「自己很可靠」。

08

別人爸爸腦筋轉得快，我家老爸脾氣來得快

我爸光是媽媽忘了冰啤酒，就會生氣。
Beer 生
很難想像我的爸爸會這樣呢。
妳好。
打擾了。
問題來了。
這個數字是代表著什麼呢？
151515
咦～15有3個？
唔—
151515
是日本硬幣開頭的數字吧？
啊！真的耶！
1円
5円
10円
50円
100円
500円
真智子的爸爸腦筋轉真快。
同樣是「轉真快」，
我家的爸爸就截然不同…
啤酒都沒冰好！
Beer 生

08 父母遇到一點小事就馬上發火

一般來說，我們對高齡人士的印象是人格高尚、成熟穩重。然而，實際上老年人卻經常火冒三丈、無理取鬧。有許多人認為父母跟以前相比，感覺判若兩人。

為什麼人年紀大了多半就容易發火呢？

這是因為，一個人年紀大了之後，腦部掌管理性的額葉功能低落，很難同時處理多個資訊，更無暇顧及周圍。

另外，老人家的身體能力也會降低。假如無法隨心所欲活動，或是不能適應現代社會，他們就**頻頻做不好事情**，**屢屢受挫**。**當父母不斷累積壓力**，最後達到極限之際，要是有人在不好的時機惹他們不開心，老人家**就忍不住發火了**。

年事已高的父母對自身的蒼老和各種能力衰退，感到難受及悲哀。我們必須理解這一點，從平常就要記得關心爸媽，盡量減少他們的壓力。

窩心建議

要營造適合談話的氣氛，子女得從平時關心爸媽，盡量減少他們的壓力。

09 冷氣調高溫，有開跟沒開一樣

冷房
除濕
暖房
停止
嗶。
您在做什麼啊！爸爸。
竟然把冷氣開的這麼強。
電費會白白花掉的！
妳老爸我年輕時只吹電風扇就夠了！
現在已經不是忍耐就好的時代了！
現在的天氣跟以前不一樣了。
對了！這段時間我就稍微出一點電費吧。
拜託您！
既然說到這份上，那就只有今天喔。
嗶。
我打開冷氣囉。
謝謝您！
好奇怪…不管吹了多久都沒有變涼…
冷房
32.0°C
停止
咦？設定成32度！

09 父母的牢騷跟時代好脫節

「開什麼冷氣，只會浪費電跟錢」、「頭髮染成那種顏色，別人會把你當成混混」、「竟然邊吃邊說話，我那個年代才不會這樣」許多老人總是會發這類的牢騷。其中有些話跟時代脫節，讓兒女感到困擾。

這裡有個關鍵，在於老人家碎念時的想法是「想要幫上忙」。一個人年紀越大，就越想要對周遭的人和社會有所貢獻。這種心態會影響老年人的自尊心。許多年長者的體力和能力逐漸低落，無法跟年輕時一樣，所以他們為了在剩餘的時間活得積極向上，需要不斷維持這種心情。

他們想要幫上忙，所以頻頻提供各式各樣的建議。而且還相信這項建議是自己在人生中獲得的正當教訓，一定派得上用場。

假如父母開始發牢騷，我們可以推測，或許他們想幫忙。這麼一來，想必也就能感受到對家人的愛。只要善加傾聽，便會發現有用的建議其實也很多。

窩心建議

父母發牢騷是「想要幫忙」。要以尊重的言詞回應，像是附和他們「或許真是這樣」。

10

老不是因為穿著，而是……

不嫌棄的話請坐。
優先席
喀啦
匡隆
婆婆怎麼了？
似乎是有人讓博愛座給她，害她受到打擊。
啊！
垃圾
婆婆，我還是第一次看您穿這件衣服。
多麼花俏的衣服。
先前之所以有人讓位給我，
是因為服裝很老氣，
她這樣認為。
路上小心。
我要走囉。
拜託千萬不要有人讓位給婆婆啊！

10 長輩怎好意思裝年輕？

當爸媽穿上與年齡不符的輕佻服裝時，兒女會開始煩惱是否該叫他們注意。假如一起出門，父母這身裝扮會引人注目，結果反而是孩子比父母這個罪魁禍首還要覺得難為情。

為什麼高齡人士當中，有些人的穿著會跟實際年齡差這麼多呢？其實成年人多半覺得「自己比實際年齡還年輕」，而且隨著年紀漸長，實際年齡跟自己想像的年齡差距就越大。

哪怕身體早已開始衰落，老人家總以為自己還很年輕。由於自己跟別人眼中的形象有所落差，所以就顯得衣裝跟實際外貌很不搭，然而對本人來說，自己的形象才重要。因為父母認為自己的腦袋還很清楚、還能幫得上家人的忙，所以往往會覺得「自己還很年輕」。

老人家身穿跟外表不相襯的服裝，這個現象當中蘊含著「自己還沒有很老」的訊息。別人越當他們是老人，這項訊息就會越強烈。家人平常對待父母時，可以以他們心目中的年齡為基準，而不是實際的年紀。

窩心建議

送符合父母實際年齡品味的服裝給他們，再添上幾句「很適合您」、「看起來很年輕喔」。

11

老媽用手洗不乾淨，所以用鋼刷搓碗

我來幫妳洗東西吧。
婆婆的好意我心領了。
讓媽幫妳做不是很好嗎？
反正妳還要忙著照顧小孩。
喏，你看，吃剩的殘渣沒洗乾淨對吧。
這樣就還要再洗一次，所以我才拒絕的……
那可真不好意思。
・・・
婆婆，昨天您也洗過東西，用不著麻煩……
啊！
用力擦拭
全部都用鋼絲絨刷來洗！
用力擦拭

11 家事做得很隨便，因為眼睛看不見

只會做些簡單的料理，清洗餐具和打掃時沒能顧及細微的部分……有些人年紀大了，家事就做得很草率。當粗心父母說要幫忙時，子女的反應是老爸、老媽又要幫倒忙了。

老人家家事做得草率的原因之一是**視力低落**。他們看不見微小的汙漬，沒洗乾淨的地方會增加。另外，人的大腦會隨著年齡增長而逐漸衰退，很難一次處理好幾件事情。比如烹飪時無法同時妥善進行複雜的步驟，沒辦法一邊注意滷味的火候，一邊做沙拉，於是就常常做簡單的菜色了。

除此之外，我們也要考量，爸媽是不是「想要跟家事保持距離」。家事勞動要持續做上一輩子，跟在公司上班可以屆齡退休不同。既不會發薪水，也不會得到太多感謝，一旦配偶退休後，就會累積許多不滿。

父母的想法是「想要幫上子女的忙」。我們可以主動拜託他們做些無關緊要、就算草率了事也沒關係的家務。

窩心建議

我們要麻煩父母做喜歡和擅長的家事。除了能減少失誤，更讓彼此能笑逐顏開。

12 爸媽講話很浮誇，小獎講成頭獎

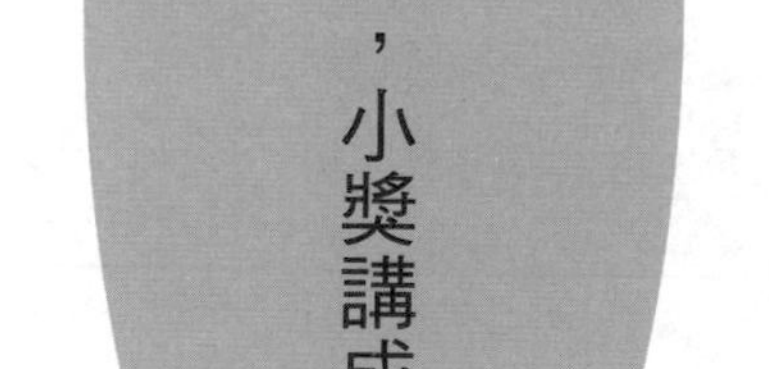

佐野先生他啊，彩券中了大獎，
據說超過一千萬日圓。
咦！好多錢！
○○工務店
之前營造廠的車子停在他家門口，似乎是要改裝啊。
我也看到新的外國車停在他家門口。
真想不到竟然中了頭獎…
妳不知道吧，他要蓋新家了呢。
佐野家的現實情況
我中了10萬日圓！
真的嗎！這不是很多錢嗎！
廁所的門鎖壞掉了。
TE
喀嚓喀嚓
打電話給營造廠吧。
社長真不好意思，應該由我去問候您的…
不，我剛好到附近，就順道過來了。

12 為什麼父母說話很誇張？

從長輩口中聽來的話，往往跟事實有所出入，其中會有編造的成分，或者是形容得很誇張，以致於家人有時會被父母說的話耍得團團轉，真是困擾。

父母說話誇大其辭的原因之一，在於「**希望自己受到矚目**」。他們會說出讓對方驚訝的言詞，來得到注意。

另外，還有一個原因是「來源記憶」不正確。「來源記憶」指的是「這項資訊是在何時、何地、從誰、在什麼情況下獲得」的記憶，人只要年紀大了，就很難正確的記住事情。因此，哪怕父母聽到鄰居說「中彩券」，事後也無法判別是鄰居真的說要「蓋新家」，還是單純自己認為「這樣一來，就可以蓋新家」。於是傳遞出去的訊息，就有了偏頗。

假如爸媽說的是誰受了重傷或誇大其他負面消息，**可能就代表他們很寂寞**，這種時候要特別留心，剩下的就是聽聽就好了。

窩心建議

要懂得分辨父母話中的內容對父母和家人是否重要。如果不是，那麼話只要聽一半就夠了。

13

老媽該來的時候不來，不想要她來卻一直來

呼！總算睡著了。
呼—呼—
叮咚
啊…是婆婆啊。
室内呼
モニター
通話
終了
馬鈴薯沙拉好像很好吃！
這個是可樂餅。
我也做了馬鈴薯沙拉和可樂餅…這不就有兩份了嗎？
孩子被門鈴聲吵醒了…
呀啊啊啊
幾天後——
啊…工作好累啊！還得去接小孩才行，都沒力氣做晚飯了…
軟癱在地
為什麼偏偏這個時候婆婆就不來…

13 父母來訪，不考慮我的狀況

「為什麼父母只有在我忙的時候才會來？」還在工作的人總是被時間追著跑，所以碰上這種事很容易感到煩躁。明明不是十萬火急的事，為什麼父母偏偏在孩子不想他們來的時候才會來呢？

首先，各位要明白老人不會時常保持萬全的狀態。他們的記憶力和體力衰退，所以想起有事情要辦和要活動筋骨時，才會付諸行動。即使某件事在家人看來，根本無關緊要，父母也會感到焦急，想要趁著還沒忘記或方便的時候去做，因此沒有考慮到對方的情況就來拜訪了。此外，老人家不了解子女忙碌的生活方式也是理由之一。

相信許多父母會突然帶親手做的菜餚過來。這代表他們的一片心意，想要藉由美味的食物看見兒女和孫子開心的面容，或想在媳婦養兒育女筋疲力盡時，稍微幫點忙。

子女覺得父母突然來訪很麻煩，也是情有可原，但是仔細想想，「不希望他們在這個時候來」是兒女自身的因素。試著換個角度思考，偶爾也要關心年邁父母的狀況。

窩心建議

我們要換一個角度想，父母在狀況好的時候，才有辦法為兒女展開行動。

14

父母是蔬菜供應商

今天早上在後面的田裡
摘了菠菜（帶土的），
做成醬油泡菠菜或味噌
湯也很好吃喔。
媽媽
雖然很感謝她的心意，不過同樣的東西又送了這麼多…
儘管暗示過她別再送東西過來，她卻沒聽懂。
總而言之家裡用不完的份——
大姑子一家人
朋友們
附近的鄰居
就這樣分配。
這種蔬菜的葉片傷得很快，起碼要用冷藏的送過來…
同樣是縣產品，在這裡的超市買也很便宜。
寄過來白白浪費郵資…
○○縣產
菠菜
158 日圓
媽，謝謝您送菠菜過來，大家都很高興喔。
這真是太好了！我會再送過去的！

14 父母的心意塞滿了我的冰箱

從父母那邊拿到大量的食物。就算拿到那麼多也吃不完，為什麼老人家總是這樣呢？

對於出生在戰時和戰後時代（約一九一四到一九四七年）的父母來說，富裕的基準就是食物多，肚子能夠吃得很飽，則是幸福的條件之一。而年輕人則多半注重節食和健康，對於食物的觀念和感覺，跟父母也會有不合之處。

老人家也習慣把剩下的東西分給鄰居，認為與其不夠，還不如有剩，於是就會送吃不完的分量給孩子。

此外，年長的女性還經歷過做好家事，身分才能獲得認同的時代，所以給孩子食物，也可以視為想要展現母親應盡的責任和存在感。即使在兒女獨當一面之後，母親有時也會讓孩子吃很多，希望讓兒女開心。

許多的食物代表父母滿滿的親情，我們要心懷感激的收下。

窩心建議

食物很豐富是件幸福的事。告訴父母「東西很好吃，收到之後很開心」，就可以了。

15

「等妳到了我這把年紀……」

啊…累死人了。
啊…累死人了。
您怎麼老是說那種話！
聽得連我都消沉起來了！
等妳到了我這把年紀
就會明白了。
嗯？我好像在哪
聽過這句話…
等妳到了我這把年紀
就會明白了。
啊！
三十多年前
媽媽就說過
同樣的話！
鏘
媽，真對不起，
當時我沒能明白
您的心情…
沒關係的，
妳外婆也跟我說過
同樣的話。

15 每天都在說「要死了」

「啊！累死人了」、「我已經不行了」、「搞不好哪天就死了」……許多老人家每天會說出負面的言詞，過著灰暗的生活。假如父母在我們身邊說這些話，我們不但覺得很無力，也會非常擔心他們。

人年老之後，容易出現心靈危機。其原因之一是腦部功能以及體力衰退，以往做得到的事情變得無法順利做好，於是失去自信。這時還會覺得自己變得不像以前能幹，進而喪失求生意願。

另外，人們年輕時還不太會意識到「死亡」，老了之後卻實際感受到死亡逼近，想必面對恐懼時，也深深的感到痛苦。

一旦無法靠自己的力量做各種事情，就必須接受周圍的人照顧，假如自己離開世界，還要麻煩家人辦葬禮和處理私物。此外，還有其他悲傷及憂愁的事情，都讓人難以積極活下去。再加上退休和配偶的死亡等變故，就免不了會陷入低潮，連從谷底爬上來的力量都沒有。

做子女的要懂得了解父母這時的心境，時常溫柔的對待他們。

窩心建議

要善加表達一直以來對父母的感謝，而且表示以後也會好好支持他們。

16 阿公阿嬤惜孫，寵得不像話

小花，點心都給妳。
哇—
爸爸！剛才她才吃過飯，不要給她吃點心！
要我說幾次才會懂！
喔…媽媽好可怕…好可怕…
咀嚼咀嚼
哼！真是火大！
我小時候隨便拿點心來吃，爸就直接打我！
大笨蛋！
啪
咿～
バタン
哇啊啊啊
喔…小花好可憐啊…
媽媽！
嘻嘻
不管外公再怎麼溺愛，最後孩子還是找媽媽。
噠噠噠

16 長輩以前打孩子（我），現在寵孫子（我孩子）

父母非常寵愛孫子，總是為了看到孫子的面容而行動，不但買了各種東西送給他，就算孫子做了壞事也不斥責……站在我們的立場，認為爸媽的行為，有可能會妨礙自己的計畫和教育，實在讓人很苦惱。

「孫子真可愛」這句話就足以道盡一切。身為父母有責任教育兒女，但當上祖父母時就不是這樣，能放任自己寵愛孫子。

只不過，我們知道爺爺、奶奶贏不了爸爸、媽媽。他們能為孫子做的事情有限，所以往往孫子想要什麼都會買。老人家覺得只有出錢，才能夠代替爸爸、媽媽。

擔心寵壞孩子對教育不好，是理所當然的，但我們有時也要尊重長輩對孫子的感情。

換個角度思考，父母也是養兒育女的前輩。假如跟他們商量教育方面的事情，不但能夠得到有用的資訊，說不定寵壞孫子的次數也會減少。

窩心建議

孫子是自己孩子的孩子，寵愛孫子也蘊含著長輩對兒女的感情。也可以找父母商量教育方面的事情，能夠得到有用的資訊。

17

老是愛講冷笑話，還在我的朋友面前講

爸爸，我想給您介紹一個人。
是哪來的野小子？
他在證券公司上班，做事很認真喔。
是嗎，是嗎，是掙錢公司嗎？
等一下，我是很正經的跟您說⋯
妳正經對我說實在讓人很震驚。
這位是小林先生。
幸會，我叫做小林勇一。
你有什麼興趣嗎？
說冷笑話。
說同音冷笑話是誰同意的啊？
喔！你的資質不錯。
很好！總之作戰成功了！

17 老掉牙冷笑話不看場合講個沒完

「北海道的阿北喊道」、「是喔，是喔，柿子喔」。老人家對同音冷笑話非常拿手，尤其是男性更是如此。然而，每當談正事時，父親若開口說冷笑話，氣氛就顯得尷尬。

老人家的冷笑話多半出自服務精神，表現出想要炒熱現場氣氛，讓大家開心。此外，還蘊含著自己想要獲得矚目的想法。

現在大家能夠接受的冷笑話越來越少，但對父母那一輩來說，搞笑可是基本技能。冷笑話的日文寫做「駄洒落」，原本就是俏皮話的文字遊戲之一。隨著潮流改變，諸如裝傻和吐槽的搞笑形式，也不斷的變化，可是老人家仍然堅守自己那一代的搞笑模式。

一般來說，現代的女性通常會思考言詞的意義，因此往往難以理解，單憑雙關語取樂的冷笑話哪裡有趣。其實別人對冷笑話有點反應，爸爸就會很滿足，我們只要說幾句好話稱讚他就好。

窩心建議

就算自己突然想要講個冷笑話，也無法輕鬆想出笑點。搞不好父親是個天才。

比貓咪還要愛睡啊……
呼嚕嚕嚕嚕

第三章
總是讓人不知所措

年邁雙親的思考方式
完全讓人搞不懂。
那些讓我們意想不到的行動和言詞，
總是讓人不知所措。
老了的父母就像外星人一樣。

01

說著「早點死」，仍小心翼翼收藏情色書刊

匡喀隆啦
匡喀隆啦
健康離世的神明
○○神社
剛才求過神明了，這樣真的可以沒有病痛的離開人世嗎？
咕嚕 咕嚕
聽說電器行的川田先生去那邊一個星期後就過世了。
耶~那還真是驚人啊。
以前外遇對象的照片
色情書刊
色情冠軍
色情
エロトップ
Hな実
為了以防萬一，要先處理掉嗎……
不…
還早得很呢…

01 「好想死」說說而已

「健康離世」意思是，在活著的時候，身體健康、不受病痛折磨，即便突然有意外，也能安然離開人世。父母是以什麼樣的心情，說出「想好好離開」這種話呢？聽的人應該會很疑惑，他們是不是真的那麼想死。

關鍵在於，這句話背後的想法並非「想要早點死掉」。與其說老人家希望在身體健康的情況下辭世，不如說父母多半很注重健康，他們害怕受病痛折磨，所以常常去醫院檢查身體。

換句話說，他們希望的是健康長壽，重點不在死亡。

最近在日本「尊嚴死」蔚為話題，高齡患者維生治療的相關輿論高漲。醫療技術發展的過程當中，正在重新探問「活得好」和「死得好」的意義。老人家想無疾而終的願望，或許也顯示出這一點。

以健康長壽為目標的父母積極求生，這比什麼都重要。萬一父母染上疾患或臥病在床，我們也要告訴他們會好好支持父母。

窩心建議

「健康離世」跟「健康長壽」意義是相同的，就算父母講了，也沒必要那麼擔心。

02 同學會不聊近況，只講病痛

我得了白內障，雖然做個門診手術就治好了。
我腰痛得很厲害呢。
我有腰痛和糖尿病。
我胃裡發現了幽門螺旋桿菌，要吃藥治療。
我去年夏天切除了三分之一的胃。
呃…不好意思。
各位差不多可以點菜了吧…
咕嘰嚕哩
咕嘰嚕哩
咕嘰嚕哩

02 把疾病拿來炫耀

「那裡好痛、這裡不舒服」，許多父母會互相談論這類的話題。照理說生病不是件好事，但他們卻聊得很開心，在兒女看來，真是難以理解。

談論自身的疾病是一種「自我揭露」（self-disclosure），簡單來說是將個人的話題告訴對方，並認為對方會因此對自己敞開心扉，這麼一來，更能拉進彼此的關係。其實這點，就跟現在的年輕人跟初次見面的對象談論個人興趣，藉此一口氣消除雙方的隔閡一樣，疾病話題也是個人資訊，老人家以炫耀病症為契機，試圖與對方親近。

另外，人們聽到對方自我表露時，也會覺得自己必須禮尚往來。假如對方談到疾病，就會認為自己也非談不可。像這樣就達到溝通的效果了。

當高齡的父母談論疾病，子女聽到後通常會感到很難受，但我們要平靜的守護他們，把這當作父母「為求與對方拉近距離」的溝通工具。

窩心建議

父母的朋友變多是件好事。嘗試藉由談論疾病來溝通，證明了他們身體很硬朗。

03

洗碗機洗完碗盤，順便「清潔」廚房

我來幫忙洗吧。
不要緊的。家裡買了洗碗機，洗碗輕鬆多了。
既然這樣就更該交給我。
只要放進去就好了吧。
嗚哇啊啊啊啊！
這是怎麼回事？
有好多泡泡！
婆婆，您做了什麼啊？
問我做什麼…
我只是倒了清潔劑，再按下開關啊。
啊——婆婆
油污也能清潔溜溜
除菌
一定要倒洗碗機專用的清潔劑才行啦！

03 為什麼父母想要幫忙？

你是否常想，為什麼老爸、老媽凡事都要插手幫忙？明明有很多家電和數位儀器父母都用不習慣。所以，子女認為與其拜託他們做家事，不如自己處理還比較快，此外，有時父母會干涉孩子的做法，孩子也會覺得他們很囉嗦。

父母想幫忙，是因為人老了之後，各方面的能力和身體機能逐漸衰退，很容易喪失自尊。

年輕有活力時，有很多機會能提高自尊心。如在職場上提升業績、學習嶄新的技術，或是精進自己的一技之長等，而已經退休的人難以做到這一點。因此，他們才想在家中和當地幫助別人，藉此保住自尊心。

精神分析學家艾瑞克森（E. H. Erikson）曾說：「假如年紀大了還過著

利己的生活，人生就會停滯不前。」想對家庭和社會有所貢獻的心態，是讓高齡者的人生豁然開朗的關鍵。假如希望父母常保健康，就該讓他們盡量幫忙。由我們主動拜託父母做些他們能力所及的事情。

窩心建議

幫助別人的經驗會提升自尊心。由我們主動拜託父母，做他能力所及的事以保健康。

04

爸爸當上會長、里長、住戶委員……卻是我在忙

那麼下個年度的會長就是松下先生了。
哎呀~
雖然會給各位添麻煩，但請多多指教。
哇哈哈
啪啪
啪啪
啪啪
啪啪
啪啪
啪啪
咦~為什麼要接受職位啊？
別擔心。
不會給你們添麻煩的。
爸爸，您不是說過今晚有集會嗎？
啊！
酒
公公，差不多該發放市民報了。
好痛啊……腰部……
結果在忙的，
總是我們兩個……

04 父母當幹部，可把我們忙翻了

不少還在工作的人認為，當自治會和町內會（按：町內會是日本社區居民自發組成的地方自治團體，其負責人則為町內會長）的幹部很麻煩。不過很多老人家卻想當會長，尤其是男性更是如此。然而當他們成功當上會長後，不但沒有盡到本分，還經常靠家人善後。

既然沒有能力承擔責任，為什麼要當負責人呢？

因為有的高齡人士退休後，會失去頭銜和其他形式來代表的「社會認同」（按：個體認識到自己屬於某社會群體，同時也認識到作為其成員帶給他的情感和價值意義）。「認同」就是意識到「自己是誰」，通常一個人會擁有好幾個認同。比方說，有一個人是「四十幾歲的公司幹部」，那麼，這個人就同時擁有公司幹部身分的「社會認同」，以及四十幾歲的「年齡認同」。

一旦「我是誰」的意識產生變化，會讓人感到不安。所以父母為了找回社會認同，成為社區負責人就成為一種選擇。

請大家體諒父母這樣的心情，設法動員家人幫忙善後。

窩心建議

父母當町內會長不是想耍帥，也不是喜歡給人添麻煩，就只是想找回自己。

05 爸爸拿以前的榮耀當下酒菜

下酒菜果然還是烤烏賊最好了。
我同意。
井上先生覺得哪種下酒菜最好？
我嗎？
○○ホーム株式会社 ○○支店長 井上 重雄
○○株式会社 営業企画部長 井上 重雄
株式会社○○
○○県○○連合会 副会長
○○株式会社 営業企画課長
総務部 部長 井上重雄
孩子的爸又邊看自己的名片邊喝酒了。
咕嚕
拿過去的榮耀當下酒菜嗎…

05 父母老提過去的事蹟

不論屆齡退休後過了多少年，老人家仍會大肆宣揚以前的頭銜，把名片當成寶帶著走……明明事到如今提到這些也無濟於事，父母會有這種行為，常常讓子女感到不可思議。

一個人能夠從社會給予的評價當中，獲得滿足感。儘管工作有辛酸的一面，卻會提供生活意義和社會評價。對於數十年都在工作的人來說，退休相當衝擊人心，更覺得以往透過工作獲得的社會評價，馬上化為烏有。越是不辭辛勞、為公司效命的人，就越難斬斷對工作的依戀，且總是抱著過去不放。對他們來說，頭銜有如獎杯，而印有頭銜的名片則像獎狀。

或許有時父母會高傲的說：「我可是在〇〇公司擔任過部長的人！」想必這樣的話語背後，充滿了幾十年的辛苦。

當父母看著名片耽於回憶時，我們要溫柔的守護他們。從旁**幫助他們找出嶄新的生活意義**。

窩心建議

因為父母拚命工作，才有現在的自己。可以試著傾聽父母以前職場上的插曲，並陪他們找出新的生活意義。

06 笑著說爸媽壞話就不會被發現

真是的…媽這個人啊…
噓！妳媽會聽見的。
不要緊的，她最近耳背聽不見。
剛才她的確說了一聲「媽」。
還有那副惡劣的表情。
反正是要說我的壞話對吧。
啊！表情好轉了！
她偶爾也會講講我的好話嗎？
媽媽她之前穿了屁股破洞的褲子去百貨公司喲。
笑死我了～

06 對自己的閒話好敏感，聽力哪有退化？

照理說，隨著父母年紀變大，聽力也會變差，重要的事情也因此進不了他們的耳裡，但**對於跟自己有關的閒話和抱怨，爸媽卻聽得一清二楚、有所反應。讓人不禁懷疑他們的聽力是否真的退化。**

其實這是因為人類特別容易注意跟自己相關的事情，所以別人說自己壞話時會聽得一清二楚。同樣的道理，當護士在醫院候診室叫到自己的名字時，也能馬上有所反應。

這跟人類的「注意力機制」有很深的關係。「注意」能比對所見所聞與腦中的記憶。人類的頭腦當中有許多關於自己的記憶，名字就更不用說了，這些事情都能馬上核對。

另外，雞尾酒會效應（按：即一種聽力選擇能力，人將注意力集中在某一個人的談話之中，而忽略背景中其他的對話或噪音）能使人們在派對等吵雜的地方，聽見對方說話的聲音。人類會在無意識當中抑制雜音，同時注意對方的聲音。有時在注意某件事物時，就會抑制別的東西，也是注意力機制所致。

人在現在社會可以很輕易的發表言論，不只父母會留意有關自己的閒言閒語，每個人都是如此。我們在說別人的事情時要多注意周圍。

窩心建議

人類容易注意關於自己的事情。我們在說話時要懷著感謝的心意，而不是抱怨父母。

05

老爸買的色情書刊，卻說是（5歲）孫子的

大人の快楽マガジン
エロ実話DX
昼下がりのOL
乱れた若妻
大特集!!
密室のSEX
成人快感雜誌 色情實錄DX
午後的女上班族 淫亂的嫩妻 大特集！
我從公公的床底下發現這個…
媳婦
討厭～
爸爸也還血氣方剛呢。
女兒
等等！那是！
ダッ
!!
バッ
啪！
噠噠
這本書是兒子的，還是浩一的？
哎呀，搞不好是和樹的呢。
氣喘吁吁
和樹現在幾歲了？
這件事要跟妳媽保密喔。
再過不久就5歲了。

07 無論到了幾歲還是個色鬼

日本往往將性話題視為禁忌。姑且不論青春期的孩子，當年邁父母言行帶有性暗示時，也讓孩子不知所措。若發現爸媽藏匿的色情書刊時，想必兒女會受到衝擊吧。

不過，「年紀老了就沒有性需求」的觀念，真的是正確的嗎？的確，實際上性需求會隨著年歲漸長而遭到遏止。尤其是女性，女性荷爾蒙的雌激素會隨著停經而減少，通常性需求會明顯受到控制。然而男性直到六十幾歲後半段之前，幾乎都不會顯著壓低。夫婦間因此引發失和的例子其實並不罕見。

即使性需求要有對象，若做出讓對方不快的行動當然不好。但若雙方都同意，則會帶來生機活力。據說使用看護設施的人當中，也有人藉由找到伴侶，讓身心都呈現驚人的恢復。

父母的性需求也無須過度忌諱，將這當作「活力的證據」會比較好。

窩心建議

年邁的父親也有性需求。子女要溫柔的守護他，慶幸「爸爸還很有精神呢」！

08 婚未離、妻未掛，怎現在有了再婚想法？

名演員
坂之下孝太郎
跟小他 24 歲的美女再婚！
咔嚓
咔嚓
咔嚓
比我年紀大還能再婚啊？
那我應該還有機會囉。
哈哈哈
爸爸您是不可能的。
不會有人吃飽沒事幹跑來找一無所有的老伯的。
說的也是，哇哈哈哈。
不過，就算萬一再婚，也不會為了財產起爭執，妳也可以放心吧。
沒有財產反而才會起爭執吧。
是這樣的嗎？
哈哈哈
嘰哩咕嚕
哈哈哈
為什麼要在沒有我的前提下談再婚的話題…

08 一把年紀了還一心要結婚

當父母表明想再婚時，孩子除了會疑惑為什麼提到這個話題之外，也會感到驚訝吧。

人無論到幾歲，都想要一個可以撒嬌的對象。就像變回幼兒一樣黏人（退化現象）。尤其是情侶關係看起來更是親密，假如對方接受撒嬌，就可以獲得安心感和解放感。

當伴侶過世之後，接受撒嬌的對象就沒了。因此，人們為了獲得安心感和解放感，就會試圖再找個新伴侶。

有時像孩子一樣露出毫無防備的模樣，就能讓人放下戒心和自我防衛。站在社會的立場，平時在無意識中自我防衛越強烈的人，就越有可能希望再婚。比方像許多藝人老了就再婚，或許也跟這種現象有關聯。

父母別說是對子女撒嬌了，就連受人照顧都不肯。假如父母找到以心相許的對象，兒女應該樂意接受才是。

窩心建議

假如父母再婚，一定會變得比現在還幸福。兒女們要替父母開心，為他們加油。

09

拍遺照還比YA！

臨終關懷博覽會
入棺體驗務必一試！
那看起來好像很有趣啊。
原來如此啊。
出乎意料的舒服啊。
遺照攝影
喔！還可以幫忙拍遺照嗎！
請進～這是由專家拍攝的喲～
咔嚓
拍好後就是這種感覺。
拍得很有男子氣概。
比V字手勢有點…
拍照就是要比YA！
公公總有一天也會死嗎…

09 還很健康，卻自己買塔位，還拍遺照

現代社會往往將年老當成負面的事情。的確，老包含許多負面因素，包括死亡將近、對疾病的恐懼、經濟上的不安等。儘管如此，有些年邁的父母卻相當樂觀。總是過得快活自在，無論發生什麼事都一副開心樣。究竟為什麼老人家會很樂觀呢？

其實，一個人平常的心情原本就偏向正面。這是因為每個人總有一天會死，活著的時候必須盡量消除對死亡的恐懼。一旦擁有正向思考，心裡認為「自己無可取代（自我肯定）」、「重視自己（自尊）」，就能取得心靈的平衡。

再者，老人家跟年輕一輩相比，更容易將目光放在正面的事情上，這也是一個原因。反正人生剩的日子就這麼長，還不如將剩下的時間和有限

的記憶力，撥給正面的事情，這或許是人與生俱來的能力。

讓父母每天盡量度過開心的時光，這就是在孝順父母了。

窩心建議

接受死亡的命運少不了要正向思考。我們要效法父母，活得正向積極。

10

參加獎也被當榮耀掛在牆上

我之前回老家的時候，家中擺著我們的獎狀呢。
姊姊
妹妹
是嗎？之前只放了一點點而已。
雖然媽沒說出口，
但是兩個女兒都在遠方，搞不好在這當中還混雜著寂寞吧…
我們回來了！
歡迎回來。長途旅程很累吧，快點進屋裡來。
真的就跟姊姊說的一樣呢。
數量還真多。
不過仔細一看，幾乎都是姊姊的獎狀。
妳的是…
參加賞
田中

10 為什麼父母不想在都市生活？

假如年邁的父母獨自在鄉下生活，子女需要擔心很多事情，像是交通狀況和孤獨死亡的風險等。許多在都市生活的兒女認為，不能放父母一個人不管，於是提議將爸媽接到都市同住。然而，父母拒絕孩子提議的例子卻屢見不鮮。遭受拒絕的一方會感到困惑，或是氣老人家不領情，不了解為什麼他們要拒絕孩子的一片孝心。

人老了之後，就不想離開住慣的地方。即使都市再怎麼方便，也沒有認識的人，或許連說話的用詞都不一樣，所以沒辦法輕易融入這裡。父母知道一旦跳進嶄新的環境裡，就會感受到龐大的壓力。所以我們要把這一點納入考量，做出讓父母的壓力縮到最小的結論。

順帶一提，日本最近還有自治團體在努力建立高齡人士的人際網路。

就算父母無意和兒女們一起住在都市，愛子之心也不會改變。首先我們要積極與老爸老媽溝通，哪個方案對他們來說最好。

窩心建議

一起住不見得是最佳方案。先決條件是要減輕爸媽獨自在鄉下生活的寂寞。

11

評論女兒親手做的菜：「好吃是好吃啦……。」

爸爸，怎麼樣？我做的菜好吃嗎？
好吃是好吃。
好吃…「是好吃」是怎樣？
當女人問我好不好吃時，我只能回答好吃吧。
什麼意思啊？
那是很難吃嗎？
很好吃啊。
那您就說好吃不就好了？
所以我就說好吃了嘛。
您總是多嘴亂說話！
妳對父親擺什麼架子！
這樣子好吃的飯也會變難吃啊…

11 大家都說讚的美食，爸媽嫌難吃

子女使出渾身解數烹調佳餚菜色，還邀請父母來享用，全家人齊聚一堂其樂融融。就在大家共享美味之際，長輩突然迸出一句：「但這道菜是不是太鹹了啊？」真是掃興。父母似乎總會多嘴破壞歡樂的氣氛。他們究竟是出於什麼心態說出這種話呢？

老人家多嘴的原因之一是性格，有的人容易脫口說出自身感受、不懂得細心體貼、不會判斷現場的氣氛。

家人要特別注意的是父母年老之後，是否變得非常惹人厭。有些人之所以年紀大就變得討人厭，原因可能在於想要誇示自身力量的心態。以烹飪為例，家人已經不期待母親做家事的能力，所以母親會認為自己的地位受到威脅。因此為了展現自身的影響力，於是說出既多餘又惹人厭的話。

即使對父母惹人厭的言行感到憤怒，還以顏色也是大忌。我們可對父母說句尊重的話，或是附和就好。

窩心建議

父母說出惹人厭的發言時，是想保住自己對家人的影響力。這時只要附和他們就沒事了。

12

怎麼樣也想贏過孩子一次

我可不會輸給自己的兒子的！
我也不會輸的！
啊！可惡！
咚
太好了！
拇指相撲我可不會輸！
正合我意。
好痛，我輸了……
太好了——！
公公在做什麼啊？
啊～那個啊……
他在做紙相撲喔。

12 不想輸給年輕人的競爭心

「年輕人又怎樣，我可還沒輸！」各位是否經常聽到父親說這種話呢？既然爸爸的體力方面明顯落於下風，為什麼還要像這樣不認輸呢？

幾乎所有當事人都相信自己沒有輸，這是因為他們覺得自己比實際年齡年輕，所以沒有察覺到跟年輕人現實上的差距。

還有例子是長輩發現自己年老、體力逐漸下滑，不願意接受現實，以至於糾結萬分。他們也強烈認為體力上或許爭不過年輕人，但在經驗、知識和智慧上可就絕對不會輸。

然而就如上一頁的漫畫一樣，假如對手是兒子，狀況就完全不同了。父親期盼兒子卓越成長，超越自己。換句話說，其實當老爸的，就是希望在傾盡全力後輸給兒子。

我們看到父母跟年輕人對抗時，一定要幫忙加油打氣，無須感到困惑或悲哀。兒子只要拿出真本事打倒父親就可以了。

窩心建議

其實父母並不輸給年輕人。一個人應有的深度，要在年歲漸長後才會勝出。

婆婆，
您是不是吃了什麼
特別的藥啊…

第四章 實在搞不懂

從小事情到大事情，
年邁雙親的日常生活當中，
會冒出一堆意外讓人疑惑的事，
真是既驚奇又有趣。
但是，我們果然無法理解老人家的想法。

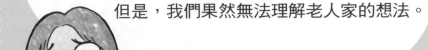

01

不管是洗髮精或潤髮乳，爸媽老是用我的東西

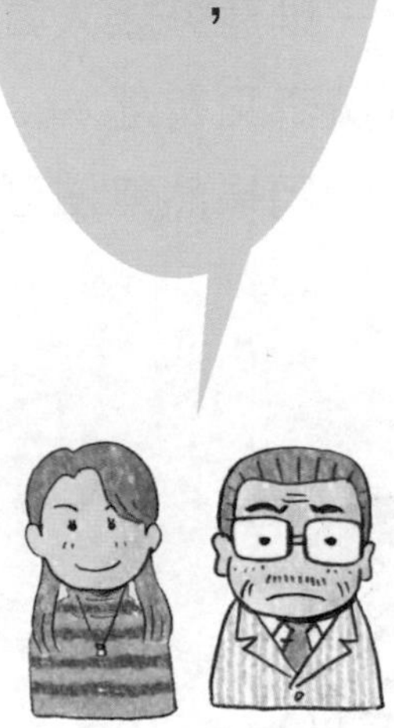

嘩啦
搓揉 搓揉
泡泡好少啊……是因為太久沒洗髒掉了嗎？
爸爸，您又用我的東西了！
啊～是嗎？抱歉，抱歉。
而且這是潤髮乳。
潤…潤髮…？
那不是洗髮精嗎？

01 父母隨隨便便拿子女的東西

難得買了昂貴的洗髮精，內容物卻迅速減少，後來發現原來是父母也拿去用。跟父母同住經常會發生這種狀況。為什麼父母會不自覺使用女兒的洗髮精呢？

現代人很講究身體護理用品，從五花八門的商品中購買自己中意的品牌。然而父母年輕時選擇有限，只有幾項商品可用，甚至沒有身體護理用品等分類。

還在工作的人回想看看，小時候是否也是如此？別說是洗髮精了，就連家裡的東西幾乎都是家人共用。

高齡者當中也有人只在去理髮店和美容院時，才用洗髮精。這樣一想也會發現，說不定老人家沒有堅持要用哪個牌子的洗髮精。

現在洗髮精豐富多樣到足以塞滿藥妝店的櫃子。為了不讓父母用錯洗髮精，或許需要花點心思，像是放在浴室以外的地方。

窩心建議

以前的時代什麼東西都是家人共用。要珍惜這樣的羈絆。反正是家人，有什麼關係呢？

02

老媽不買新衣服，老拿我的舊衣來穿

媽，您穿我國中時的運動服，難道不覺得丟臉嗎？
啊…穿起來真舒服！
布料伸縮性佳，又保暖，真是沒話說！
井上(理)
還有啊，我也希望您倒垃圾時不要穿這件。
我朋友似乎都看見了。
垃圾
啊…是理香的媽媽。
實在有夠丟臉。
我倒是不覺得丟臉。
衣服上連名字都有耶。
井上(理)
妳的包裹送來時，這樣很方便喲。
這一定是井上理香小姐的包裹沒錯吧。
井上(理)

02 爸媽居然穿我的高中制服

仔細看看父母所穿的衣服，竟然是自己以前學校的運動服。假如是在家裡穿這樣也就算了，居然當著眾人面前穿成這副模樣，真是難以理解。為什麼年邁的父母會穿兒女的衣服，甚至還是不合身的舊服裝？

這點牽涉到兩代之間對衣服的觀念不同。許多父母幼年時，穿的衣物大都是哥哥、姐姐留下來的。只有在極為特殊的時候，長輩才會買新東西給他們。

經歷過那種時代的父母，對最近的快速時尚（按：fast fashion，短暫週期之內販賣的廉價衣物）不熟悉。再加上他們認為，一件衣服可以穿很久，就算有地方破了，只要修補就還能繼續穿，所以長輩不懂為什麼要丟掉沒破的衣服。

老人家仍保有惜物愛物的精神，運動服做工結實、穿起來很輕便，對他們來說丟掉這麼舒適的衣物，真的太可惜了。

現代重視環保。我們可換個想法，父母重複利用兒女的衣服穿在身上，就是在做環保。

窩心建議

父母買給自己穿的衣服說不定很少。可以試著找機會送衣服給他們當禮物。

03

爸爸總是不分場合拿下假牙

我不要刷牙啦~！
誰叫你自己不刷啊。
丈夫的老家
拔—
爸爸，吃飯時…
我有什麼辦法，菜渣跑進縫隙裡，咬起來很痛啊。
…
嗯？怎麼了？
盯著——
真羨慕爺爺，刷牙好輕鬆。
咯吱咯吱

03 吃飯時拿下假牙，或是剔牙、擤鼻水……

跟父母一起吃飯時，當我們以為他們在咀嚼食物時，卻看見他們張口從中拿出假牙，這樣的舉動絕稱不上有教養，我們不禁擔心讓小孩子看到這個動作後，對教育上會不會有影響。為什麼年老之後，連在吃飯時都會拿掉假牙呢？

首先要從牙齒的問題思考。人隨著年紀增長，免疫力會下降，提高罹患牙周病的風險。一旦有了牙周病，牙齦就會萎縮，嚴重時牙齒會脫落。要是放著不管，連周圍的牙齒都會掉下來。因為牙病而戴上的假牙，容易卡住食物，假如食物卡住的地方很糟糕，會引發疼痛，所以老人家才想要馬上處理。

另外，老人家的注意力會下滑，無法同時留意好幾個目標。也就是說，他們很難一邊吃飯，一邊擔心假牙，同時顧及周圍的情況，沒辦法判斷「假牙要去洗手間拿掉」，於是就當場取出來了。

兒女優先要做的是消除父母口中的疼痛。這時就把教養之類的問題放到其次。

窩心建議

假牙帶來的異樣感和疼痛非比尋常。我們要顧及父母吃飯時會不會覺得痛、要怎麼幫他們消除疼痛。

04

鄉下的媽媽來了，我得兼差翻譯

（按：本頁和下一頁的老一輩用詞，皆用臺語諧音做區別。）

04 老一輩的過時用詞改不了口

「威新抓（衛生紙）」、「嘎仔（背心）」、「弭份（麵粉）」……父母說的方言，年輕一輩別說是熟悉了，有時根本聽不懂。現在幾乎不用的詞彙，為什麼高齡人士還繼續用、不想改掉以前的用詞呢？

現代物品的名稱相當多，往往內容相同，名稱卻改變，對長輩來說，就像又有新產品出現在世上一樣。尤其跟時裝有關的名稱，更常出現這種情況。比方說以前的「嘎仔」，現在改稱為「背心」或「馬甲」；「經行扣」稱為「緊身褲」；「藍玲欸」則改稱為「懶人鞋」……不勝枚舉。

因為用詞頻繁轉變，即使不是老人家也很難跟得上。長輩在這種狀況之下，就會選擇自己所知、好用的用詞。

話說回來，在我們笑別人的用詞時，自己也不一定跟得上高中生和其他年輕人的詞彙，從年輕一輩的人看來，我們自己就像老人一樣，假如能站在跟老人家相同的立場思考，或許就能深刻理解這種感覺。

窩心建議

現代物品名稱越來越多，父母會選擇自己所知的用詞。只要對父母的用詞感興趣，或許會恍然大悟為什麼他們改不了口。

05 陪長輩掃墓，卻拜到別人的墓

呼呼
呼呼
你們好慢啊，我們先去祭拜了。
爬上前面的樓梯再直接右轉就到了。
才想說他們好久沒回來了，
卻一點也不疼惜父母啊。
氣喘吁吁
呼呼
喂！不是那個墓啊！
咦？
咦？
這個墓是別的伊藤。
伊藤家之墓
抱歉…我記不清是哪一個了。
算了，同樣是伊藤，搞不好祖先都一樣呢。
…
這裡也拜一下吧。

05 對掃墓、祭祖的要求越來越龜毛

父母重視供奉祖先，會定期去參拜墓地和祖先牌位。想必有些被迫陪同的兒女，會覺得偶爾不去掃墓也沒關係。而且，如果老家在遠方的話，負擔理應也會變多。

或許父母也曾想過要敷衍了事，卻很難改變以前的習慣。雖然不是每天在供奉祖先、祭掃（按：清理墳區，祭拜先人），但要突然改掉幾十年來持續維持的習慣，反而需要動力。

另外，也有可能是父母開始意識到人會逝世。人老了之後，要面對疾病和受傷的風險，平常不得不意識到死亡。於是人們就會思慕祖先，準備自己遲早會來臨的死亡瞬間。「死亡」是無人知曉的世界。或許是為了緩和這份不安，才要站在祖先和墓地的面前。

身為子女也需要做好心理準備，以迎接父母的死亡。一起參拜墓地，也能當作準備的一環。

窩心建議

對父母來說，供奉祖先屬於「臨終關懷」之一。兒女要在迎接父母的死亡之前，做好心理準備。

06

老爸亂吃東西不怕死，去看醫生卻怕得要死

爸，那種掉在地板上的東西您就別吃了。
咀嚼
咀嚼
死不了的。
那個已經過了保存期限了。
咀嚼
咀嚼
布丁
死不了的。
有一天…
好痛…
絞痛
絞痛
既然胃痛得那麼厲害，要不要照一次胃視鏡看看？
啊啊！
爸爸自以為是的想像
要是死了該怎麼辦？
怎麼可能會死啦！就是為了別死才要照啊！
我死都不要去照！
結果是吃壞肚子。

06 拒絕勸告，老是回我：「死不了」

就算再怎麼勸告父母，他們還是一如往常。最後再說：「沒關係，死不了的！」孩子聽到耳朵都長繭了，搞不懂這句話到底有什麼根據。

這裡的關鍵是老人家不太擔心未來；而年輕人會小心行事，會考慮未來的狀況，試圖避開危險。他們會想「要是遇到這種事，到時會相當棘手」，在心中衡量某事對未來的影響。

然而老人家則認為，雖然不會馬上就死，但生命確實很短暫。因此，與其擔心未來，還不如盡情享受當下。

另外，老人家經驗比較豐富，有時也懂得輕重緩急。照理說，在漫長的人生當中，都會有克服重大打擊的經驗。

就因為是人生的前輩，才會擺出架子說：「死不了的」，有時甚至還會胡來。

老人家這句「沒關係，死不了的」，也有值得信任的一面。

窩心建議

父母生活的時代公共衛生尚不周全，因此他們對細菌等問題出乎意料的不在乎。

07

每一輩子都在發的牢騷：「以前真好」

以前真好啊~
唉~以前還比現在好…
呼一
老是發這種牢騷…
以前真好啊…
老是發這種牢騷…
以前真好啊…
老是發這種牢騷…
以前真好啊…
老是發這種牢騷…
以前真好啊…
老是發這種牢騷…

07 回憶過往來尋找現在的快樂

每次聽父母說話時，他們常常會懷念過去，感嘆「還是以前比較好」。尤其是青春時代的話題談得更多，一提再提他們當年的英勇事蹟，口口聲聲說「我年輕的時候……」，聽久了，也許有的人會覺得很煩。若反過來看，也會讓人擔心，父母是不是對現在的生活有所不滿。

人類容易記憶和回想伴隨強烈感情的事件。說到青春時代，如升學、就業、戀愛、結婚等，重大生活事件大都集中在這個時期。而且這些事件還伴隨各種強烈的感情，於是這段時期的記憶自然較深刻。無論時間過了多久，這些記憶也都能輕易回想起來，這種現象就稱為「回憶高峰」。

另外，人老了之後，負面記憶會忘得比較快，留下許多正面和年輕時的記憶，於是不斷感嘆「以前真好」。

子女不妨花點心思仔細聆聽，不時提出疑問，讓回想青春時代、跟家人說話的時光，變成父母心中的樂事。

窩心建議

父母會說「以前真好」是一種智慧，為了求在剩餘的時間內活得開心。兒女可以花時間聆聽，讓跟家人說話的時光，變成父母心中的樂事。

08

岳父炫耀攝影，女婿來捧場

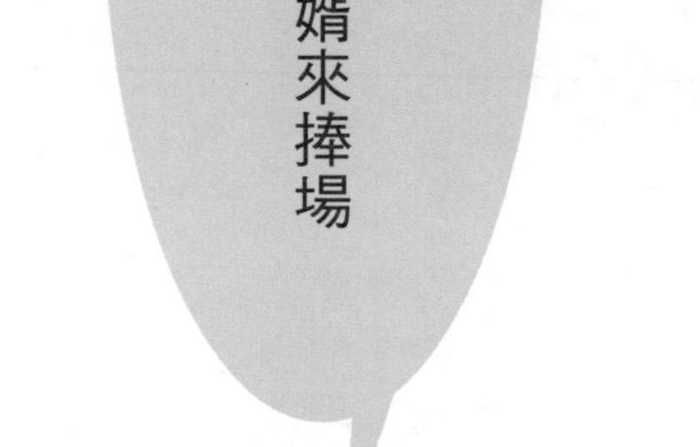

遠方的富士山，
拍得很清楚對吧。
0802.JPG
20XX/04/29
我拍攝技巧也很好，但是照相機也很貴，不賴吧。
0908.JPG
20XX/05/31
你看得出差異嗎？
是的。
你看這張，明明是晚上了，卻拍得這麼清楚。
還真是厲害啊～
再看看這裡。
姊夫老是被迫要看幾十張照片，真是可憐～
妹妹
連我都完全沒辦法陪爸聊這個～
算了，有什麼不好，那才是女婿最重要的任務。
我一直都很期待岳父的照片。
以前專家還誇獎過我呢。

08 老了之後沉迷「興趣」，強迫分享

老先生去觀光地區後，就一定會沉迷於拍照和攝影，想必許多人的爸爸也加入了這個行列。父母將專業規格的照相機運用自如，炫耀自己拍攝的照片，顯得活力十足，對人生完全樂在其中。

對於退休離職的老人來說，每天就像是放假一樣。他們無法忍受在這些多出來的時間裡，什麼事都沒做。因此老人家才想要有一個能夠埋首其中的興趣。換句話說，父母是在追求生活的意義。

生活意義可分為自我實現和人際關係，人老了之後往往會追求後者。這就是從充實人際關係當中發現到的生活意義。以照相為興趣時，不只是自己拍攝時開心，還可以互相出示拍攝的照片，藉此跟周圍的人溝通。除了拍照之外，沉迷於釣魚、手打蕎麥麵等興趣，也有機會多跟別人接觸。

炫耀照片是父母的生活意義，我們要不嫌麻煩的陪伴老人家，稱讚他們做得很好。

窩心建議

拜託父母教導攝影技巧，或讓他們請我們吃釣到的魚和手打蕎麥麵，也有助於幫父母找到生活意義。

09

翻遍書本，只為了找能激勵孫子的話

雖然第一志願很難考上，
但沒有不會迎向天明的夜晚，也沒有不會回春的冬天。
現在正是加油的時候。
謝謝爺爺。
明白落敗的悔恨，是一筆很大的財富。
悔恨能增加努力的動力。
妳會變得更強的。
謝謝爺爺。
別看爺爺那個樣子，他有時也會說出好話來呢。
就是啊～
很好，很好。
這句格言相當好用呢。
人生の名言
名言集
心に残る言葉

09 天天分享長輩圖：人生前輩所給的建議

人的一生中，會不斷遇到龐大的阻礙。若在這時向長輩傾訴煩惱，有時能從中得到很有用的建言。據說以前有些村落當中，長老負責給年輕人建言。這是為什麼呢？

人類擁有的智力可分為「流體智力」（fluid intelligence）和「晶體智力」（crystallized intelligence）。「流體智力」是配合腦部成長而發達的智力，像是迅速計算和背誦文章的能力，就是其中的一個例子。遺憾的是，「流體智力」只會成長到二十幾歲，之後就會慢慢衰退。

反觀「晶體智力」則蘊含許多在社會上營生的重要能力，像是理解力、洞察力和溝通能力等等。只要透過經驗累積，就會一輩子持續成長。老人家累積許多人生的經驗，使「晶體智力」發達，所以能夠因應狀況說出中肯的建議。

由此可知，年老並非只有負面因子，其中也有正向的一面。父母是人生的前輩，我們不要忘了隨時保持敬意。

窩心建議

「薑還是老的辣」這句話，從腦部功能來看也是正確的。若有事情，也可以找爸媽商量。

10

螞蟻幫家人監視老爸有沒有偷吃

這是朋友來玩時給的蛋糕…
是分送給我們的。
CAKE
雖然很感謝他，但下次就別拿了。
你爸爸總是忍不住吃甜食，不知節制。
啊！
CAKE
螞蟻在家裡爬來爬去…
螞蟻的行進方向一定是那裡。
孩子的爸，你又偷吃了！
磅
啊…不，這個是…

10　父母老是吃甜食

巧克力、糖果、甜甜圈、布丁……這些都是老人多半愛吃的甜食。即使有一部分的人沒有特別喜歡吃甜食，變老後會突然吃很多，換做是自己的父母，孩子們會擔心他們變得太胖或是罹患糖尿病。

老人嗜甜，其中一個問題在於味覺。這項能力會隨著年齡增加而衰退，尤其是鹽味更是感覺不太出來。其中自始至終只有甜味不會衰退，所以老人家才會喜歡吃甜食。

而另一個理由是咀嚼能力，跟味覺一樣，會隨著年齡漸長而衰退。入口即溶的巧克力和糖果、鬆鬆軟軟的甜甜圈、滑嫩的布丁和其他甜食，對老人家來說，許多甜食只要些微的咀嚼力道就可以吃了，所以就會把甜食往嘴裡放。

擔心疾病而努力控制甜食量，還是讓父母食用容易入口，感受美味的甜食呢？只要事先決定方針，迷惘和煩惱的壓力也就能稍微減輕了。

窩心建議

最近也開發出許多壓低糖類的商品。我們可以幫父母選擇，對身體不會造成太大負擔的點心。

11 總之菜色、菜量多就對了

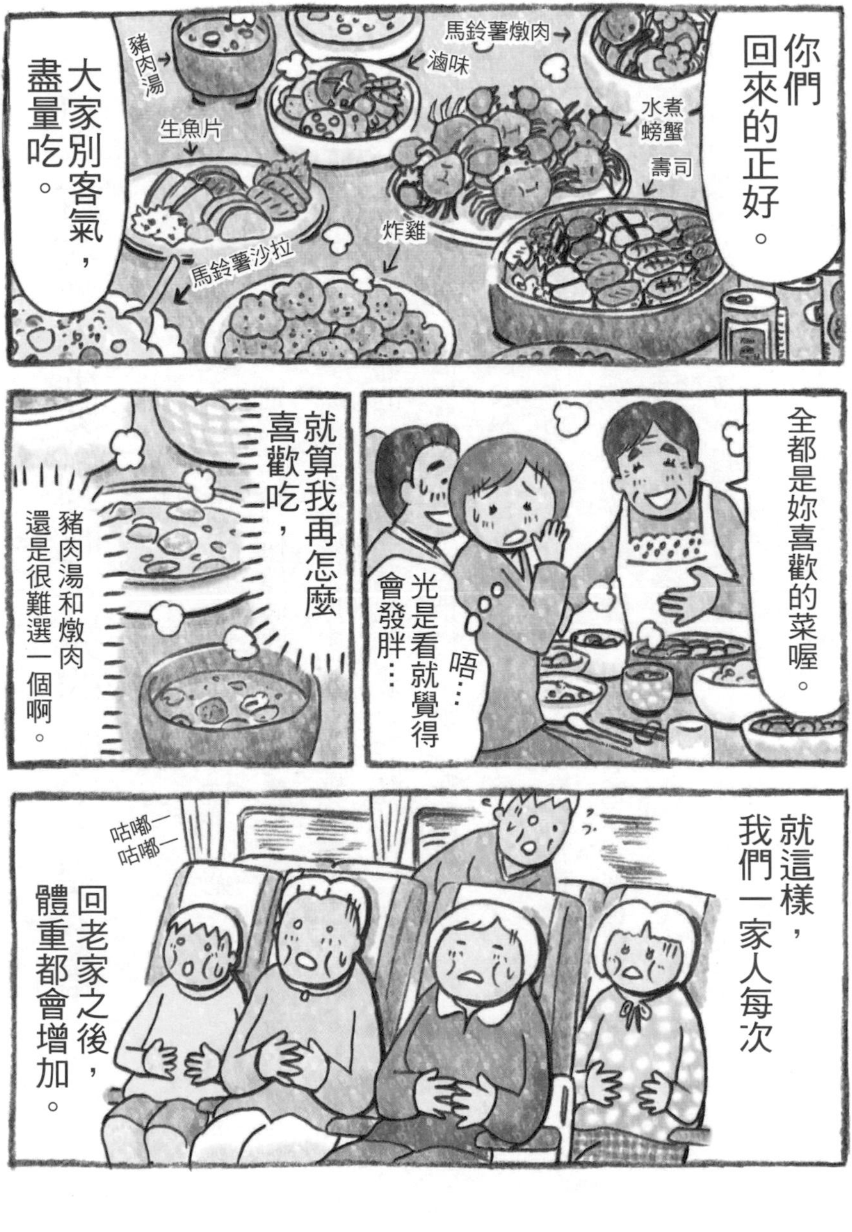
你們回來的正好。
馬鈴薯燉肉
滷味
水煮螃蟹
壽司
豬肉湯
生魚片
炸雞
馬鈴薯沙拉
大家別客氣，盡量吃。
全都是妳喜歡的菜喔。
唔……
光是看就覺得會發胖……
就算我再怎麼喜歡吃，
豬肉湯和燉肉還是很難選一個啊。
就這樣，我們一家人每次
回老家之後，體重都會增加。
咕嘟—
咕嘟—

11 每次都準備多到吃不完的飯菜，講不聽

每逢兒女回到老家，父母都會以驚人的方式迎接孩子。尤其是餐點菜色的數量更是特別多，別說是吃到快撐破肚皮，就連體重計上的數字都瞬間增加了。這樣子與其說是感謝爸媽，倒不如說是會感到麻煩。

父母準備這麼豐盛的一餐，是因為他們認為吃飽肚子對一個人來說最幸福。父母以前的生活、飲食條件不是都很好，跟現在號稱「飽餐的時代」不同，很難取得足夠的食材以保持健康。

現代的年輕人在乎體型，忍著不碰想吃的東西，是因為我們處於飲食無憂的時代，且認為纖瘦的體型才是美麗的象徵。老爸、老媽也很難理解這點，對父母來說，豐滿的體型才代表美麗和富裕。

另外，當了母親之後，自然就會想要以自豪的料理，讓兒女和孫子吃

得開心。家人吃得津津有味的模樣，是身為父母想要一看再看的光景。

我們可以接受父母的心意，露出幸福的模樣讓他們安心。

窩心建議

「能夠吃到心愛的母親做自己愛吃的菜」是件幸福的事，不妨沉醉其中。

幸福的發胖不是件壞事。

12 老爸需要先記下筆記放哪裡

洋一的電話是幾號啊？
又來了——您該養成習慣，把隨時聽到的東西筆記下來。
我的手機有存入號碼。
好了嗎？叔叔的電話號碼是…
爸爸，您在找什麼？
洋一的電話是幾號啊？
之前不是做過筆記了嗎？
哎呀，我不曉得那份筆記放在哪裡了……
這個人…他需要先將筆記放在哪裡筆記下來。

12 不論我講了幾次，他們都會忘記

父母老是記不住家人的電話號碼，甚至連別人的名字和物品的名稱也會忘記，即使講了再多遍都沒有用。假如孩子這時多問一句「為什麼會記不住」，有的父母還會發脾氣。

遺憾的是，人在年老之後記憶力會衰退。不過當事人沒有自覺，所以聽到別人說「為什麼記不起來？」、「記憶力變差了」，心情就會受影響而變差。

人們沒有自覺記憶力衰退，是由於為此困擾的經驗不多。其實，為了彌補衰老造成的記憶力低落，控制功能就會發揮作用。如替不能忘記的事情做筆記、把預定行程寫在月曆上……這些事年紀越老就會做得越勤快。另外，老人家也習慣從以往漫長的社會生活經驗當中，記住該做的事情，確實想起再行動。因此，健康的老人家，幾乎不會忘記日常生活中重要的約定和事項。

或許**父母會忘記的，是對當事人來說沒那麼重要的資訊**。

窩心建議

父母一定會記住「忘掉就糟了」的資訊。

13 老爸線上看色情片，詐騙找上門

一瞥
電視上說過可以用電腦看色情影片啊。
我做得到嗎…
嘻嘻嘻
喀啦喀啦
啊～這是色情影片…
播放…
美女祕書的憂鬱
點選這裡播放影片
這樣就可以看色情影片了嗎？
喀啦
叮咚
叮咚
叮咚
哇!!
怎麼了!?
會員登錄完畢
支付期限在 3 天以內
請盡快轉帳到下列帳戶
49,900 日圓
洽詢電話
○○○-○○○-○○○○
怎…
怎麼辦…
阿學，同樣是男人，拜託你無論如何都要幫幫我！
田中和男一生的失策…
岳…岳父大人，發生什麼事了？

13 父母總是不肯跟我們商量要緊事

當我們從父母的持有物中發現沒看過的契約書，或聽別人說起，才知道父母鬧出大事……這時子女們會納悶，為什麼這麼重要的事情，爸媽都不跟兒女商量呢？

父母猶豫該不該跟孩子商量的時候，多半是牽涉到金錢，像是簽訂高額的契約和購買昂貴的物品。儘管當事人也曾懷疑，是否不該單憑自己判斷而沒找人商量，但他們知道事先說出口肯定會遭到反對，事後再報告則會挨罵，所以就不會說出口了。

另外，爸媽不想讓兒女擔心和添麻煩，而有所顧慮，不敢跟孩子商量。尤其是關於治療疾病和移居養老院的事情更是如此。再怎麼說讓別人照顧自己，父母也會不好意思，假若要由兒女來照顧，父母則會設法獨力解決。

東窗事發後，就算大吵大鬧也無濟於事，子女不如將力氣花在之後的應對和處理上。

窩心建議

就算對父母說，有事跟自己商量，他們仍不肯多表達什麼。所以我們要花點心思，打探父母最近發生什麼事。

14 說「都好、隨便」卻又要抱怨

連假旅行要怎麼安排？
就交給年輕人吧。
呀—
哈
哈哈
這種地方真是讓人定不下心來。
假如是清淡的日本菜就好了。
就是說啊。
坐電車真讓人吃不消。
真是的…
唉
喀啦匡隆
○×予備校
旅行很辛苦吧？
很開心喔。
騙人！

14 父母明明說交給我處理，結果卻一路抱怨

一年一度的家庭旅行，父母明明說旅遊地點交給孩子決定，等抵達目的地後，卻說去別的地方比較好……**明明有想去的地方，卻不在一開始就講出來**。兒女代替父母決定事情時，總是會發生類似的情況。

人一旦年紀大了，身體就會出現各種問題。體力下降、味覺衰退，沒辦法跟年輕時一樣生活。

就算父母在出發前發現這些問題，為了顧及兒女和孫子，父母只會在心裡想，要是去能放鬆的地方就好了。於是，便說去哪裡都可以。等到出發之後，才驚覺身體果然無法隨心所欲活動。以前可以輕易登上的坡道，現在卻爬得氣喘吁吁；愛吃的天婦羅卻害人胃脹氣……種種光景都在強迫自己面對「年老」。這樣累積下來的挫折，就會以抱怨的形式表達。

跟年邁的父母一起去什麼地方時，請各位在設想計畫時盡量配合合乎父母的情況。

窩心建議

就算父母說要交給孩子們處理，也要深入追問，讓他們自己說說意見。

15 堅持光顧比較貴、比較差的店

爸，冰箱在網路或大型量販店購買會便宜很多喲。
這怎麼行！
電器行的老闆可是我們夫婦倆的媒人呢。
一年後——
這樣說似乎很冷漠，但電器行的老闆已經過世了。
電視去其他地方買也…
那樣很不盡人情。
老闆他啊，臨死之前都還在擔心繼承家業的兒子啊。
只要我還沒翻白眼死掉，就會光顧松本電器行！
爸，結果您還是在網路上買了電視啊？
喔，對啊！我還買了彩色隱形眼鏡，眼睛已經翻白了。
總覺得夢到了相當丟臉的事…

15 被人情義理束縛而不懂得變通

明明可以在超市和網路上買到便宜的東西，不知為何，父母總是去朋友開的店購買，或不斷寄賀年卡給幾年沒見面的人，堅守人情義理。明明連當事人看起來都嫌麻煩，為什麼就是沒辦法改變這些習慣呢？

老人家堅守人情義理的理由，在於年紀大了，人際關係容易窄化。除非退休的父母有特殊的興趣，否則跟家人和身邊朋友以外的人見面的機會就會減少。再加上有些朋友早一步離開人世，於是交友圈不斷縮減了。

對爸媽來說，無論是購買電器產品時才有的交流也好，單純互寄賀年卡的交情也好，剩餘的人際關係都相當寶貴。就算商品價格有點貴，但買下它就可以保有人際關係，於是爸媽就會一直在那家店購買了。

我們往往不自覺囿於理性的思考，看不見隱藏在父母人情義理下的寂寞。當兒女的要留意這一點，以免說出「網路和量販店比較便宜」之類的話，無意間窄化父母的交友範圍。

窩心建議

人際關係是金錢無法計算的價值。由人情義理牽繫的關係也是父母珍貴的寶物。

16

車子還沒停 就鬆安全帶、開車門

嗚哇！
砰
啊！
公公
我還沒搭上電梯，妳為什麼要按「關」啊？
是你太遲鈍了啦。
請看看菜單。
不必了，我要炒蔬菜套餐。
啊，我還沒點菜⋯⋯
喀噠
轟隆隆隆
計程車！
唔⋯從搭乘的瞬間就開始準備拿錢⋯
叮鈴噹啷
妳覺得我是性格很急的人吧。
啊⋯不⋯
我生兒子時，也是進了分娩室五分鐘就結束了。

16 一上車就只顧著搶座位

電車門開啟的瞬間，老人家就以驚人的速度搶先搭乘，推開旁邊的人搶座位……相信很多人忍不住對這些人翻白眼，而身為家人的我們則覺得難為情。為什麼年邁的父母會那麼性急，不看看周圍的情況呢？

人的認知能力，也就是資訊處理能力（資源）本來就有限。再加上隨著年紀增長，能夠同時處理的資訊量會減少。於是當長輩發現電車內有空位的瞬間，腦部的資源就只會用在「要坐到這個空位」上，而無法顧及周圍的情況。年紀大了之後，烹飪技巧退步的原因也跟這一樣，沒辦法同時做各種事情。

還有一種情況是，老人家自知本身有諸多能力衰退，有時為了避免遲到，造成某些問題而給別人添麻煩，所以就會提醒自己要儘早行動。

或許還在職場上工作的人，也是每天匆匆忙忙，沒有太多閒情逸致，不過請盡量以開闊的心胸，接納父母躁進的行動。

窩心建議

這時要說句話讓父母安心。像是「不急」、「沒關係」或「稍微晚一點也沒影響」。

17

知名相撲手印比爸小？老是被哄買假貨！

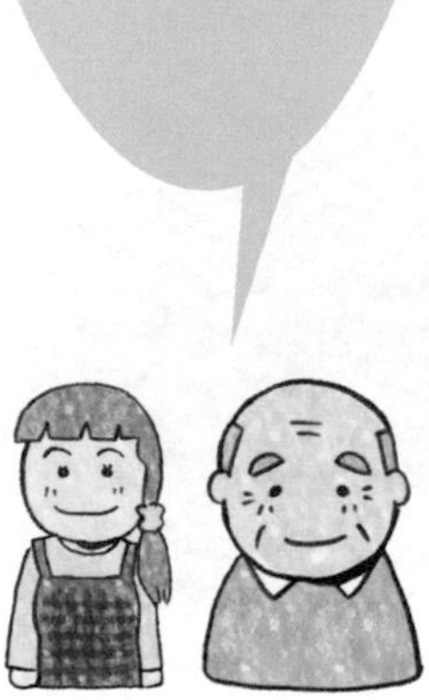

這是橫綱山之海的掌印。
賣你五千日圓就好。
那位知名橫綱的掌印賣五千日圓？
太便宜了吧。
我的好友是相撲訓練場的人員。
似乎從橫綱拜師時就相當照顧他，所以手上有好幾張。
我迷他迷的要死，真是賺到了。
那是假貨吧？
沒禮貌！是妳不懂我的眼力吧！
可是爸爸，您把手貼上去看看。
大橫綱的手比爸爸的還要小……
啊？

（按：橫綱是相撲資格的最高級。）

17 馬上就相信別人口中的資訊

父母會對別人口中的資訊囫圇吞棗。子女看到他們被別人灌輸不實情報時，會忍不住想：「為什麼不懷疑一下呢？」

一般而言，人往往會聽信第三者說的話。比方說，上司直接對部屬說「期待你的表現」，跟同僚間接告知「那位上司說他很期待你喔」相比，大家更容易相信後者。這種傾向不只老人家會有，年輕一輩也是如此。

不過，年輕人會透過網路和其他媒體，接觸無數的資訊，因而養成懷疑資訊內容的習慣。這項資訊是否為真，使用網路也就能輕鬆查出來。反觀老人家懂得運用網路的人少之又少，幾乎不會自己逐一調查。他們會忽略審查資訊的步驟，直接對別人說的事情深信不疑。

信賴別人非壞事，只須小心別讓抓住這種心態的不肖業者接近父母。

窩心建議

假如沒有不良的影響，就不要干預因獲得這項資訊，而心情開懷的父母。

18 老人家的超強社交能力

婆婆，讓妳久等了——
拜拜。
說拜拜。
您認識她嗎？
不是，我看她帶著可愛的小寶寶，所以找她聊天了。
婆婆，讓妳久等了——
拜拜。
拜拜。
您認識她嗎？
不是，我看她帶著可愛的小狗狗，所以就跟她攀談了。
婆婆，讓妳久等了——
您又跟不認識的人攀談嗎？
正好相反，我被搭訕了。

18 馬上就在路邊跟人攀談

「假如有陌生人跟你搭話，就要裝作不認識。」大多數人小時候都被家人灌輸這個想法，所以即使有需要，也會猶豫要不要向陌生人搭話。然而，當我們看到父母積極向不認識的人談天時，驚訝之餘，更會擔心家人是否打擾到對方。

老人家面對陌生人也能泰然自若的聊天，原因之一在於高齡者容易感到孤獨。跟過去兩代或三代同堂的時期不同，在現代，有時只有年邁的夫婦相依為命，或是一個人孤苦伶仃的生活，在家跟家人聊天的機會也變少了。於是，每當爸媽外出時看到人，會忍不住想要找人說話。此外，很多人深信聊天次數減少，容易痴呆，於是拚命想要找人講話。

還有一個原因是，父母年輕時，生活在地區和鄰里關係緊密的時代，每個人就像家人一樣。或許是因為殘留這種認知，所以不太會與人保持距離，並懷著善意找人攀談。

照理說自己的孩子和寵物受到稱讚，不會讓人心情不快。我們用不著過於擔心。

窩心建議

會跟別人攀談的父母或許很寂寞，所以孩子要盡量撥出時間跟父母聊天。

19 培育玫瑰比養育孩子還用心

手工製的肥料…
無農藥，為了預防疾病而自行調製的液體
除草
嘰—嘰—
修剪
咻—
喀嚓喀嚓
假如媽媽像那樣悉心培育我的話，我也會長得亭亭玉立吧。

19 老人家為什麼幾乎都會愛上種植物？

年邁的雙親沉迷於園藝。不僅是自己的父母如此，這算是老人家的共通興趣。為什麼他們會那麼勤快的照料植物呢？

年紀大了以後，人的腦功能會逐漸低落，很難對伴隨複雜步驟的興趣樂在其中。照顧植物比較單純，每天只要澆水施肥就好，適合高齡人士。老人家看著植物的生長也會開心，於是會投入更多熱情。

喜歡接觸植物的不只是老人家，不論是在工作的人，還是孩童，大家都一樣。只不過退休的老人家會花大把時間照料植物，細細觀賞。

另外，年輕人看到植物，主要感想是它的美麗和可愛，而老人家看到植物的生長和逐漸枯萎的模樣，會把人生與此重疊在一起。正因為老人家累積了各式各樣的人生經驗，所以對植物的魅力有更深的感受。

植物不會說話，但只要好好照料它，就一定會有所回應，討人喜愛。

或許這跟會反抗的兒女有點不同吧。

窩心建議

人老了之後，興趣會跟以前不同，園藝對老人家來說是溫和的活動。

20

我叫孩子去用功，老媽卻翻我的舊帳

浩一！你再不多努力用功可不行！
好囉嗦啊。
你一直說用功用功，任誰都會討厭的吧。
媽，您可以不要插嘴教養兒女的事嗎？
虧你說得出口。當初讓我花大錢去好幾家補習班，
結果大學全都落榜的人是誰啊！
您又提那件事……
婆婆昨天也說過……
昂貴的報考費也全都泡湯，
你成績差這一點真像你老爸。
都是因為你爸奢侈浪費，害得我要省吃儉用。
喪氣
結果總是由我化解爭執。
洗澡水放好囉。你們誰先去洗吧。

20 聊天聊到一半就開始翻舊帳

父母會在不經意的對話中提起過去，並尖酸的數落我們的過失，為什麼他們會翻舊帳呢？

只要回想一下應該就會發現，父母翻出的舊帳多半是沒解決或他們無法接受的事情。「到頭來做出的決定還是以兒女為優先」、「為了兒女而妥協」的事件，就是老人家抱怨的內容。

另外，兒女在家中擁有決定權，或許會讓爸媽無法適應。照理說父母還在職場時，是由他們決定家裡大大小小的事。然而現在力量關係逆轉，要聽從兒女輩的指示、違反自己的意願，時間一久，便會累積許多不滿。

一個人不會輕易轉讓曾經獲得的身分認同，當父母的也很難馬上放棄以前擁有的身分認同（決定權）。

父母抱怨過去的事情，或許是對於世代交替的微弱反抗。這時我們要稍微理解父母的心情。

窩心建議

不論什麼事都由兒女作決定，相當於是在否定父母的立場。有時要妥協讓步，由父母去做。

21

老媽的健康養生只用看的、吞的，沒有行動

好！今天一整天要把這些書看完！
＊不需要醫生的50個祕訣
医者いらず50のヒミツ
生き生き老後
＊走路5分鐘就能長壽5分鐘
5分歩けば5分長生きできる
＊不會讓你臥病在床的魔法飲食
寝たきりにならない魔法の食事
＊這樣做你健康又長壽
元気な長寿
啊～肩膀好痠⋯
頭好痛⋯
燈光真是刺眼！
啊～累死人了。

21 拘泥健康是怕給人添麻煩

人老了之後，會對「健康」這個詞很敏感，想要取得關於健康的書、健康器材、健康食品、健康體操、祈求健康的護身符，種類五花八門。其中還有高價或效用可疑的產品，讓家人懷疑為何老爸、老媽要花錢買這種玩意，這麼拘泥於「健康」。

其實這代表他們對將來有很大的不安。父母認為「假如沒有健康到老，就會給周遭添麻煩」、「健康出問題時不能依賴任何人」。雖然人類的壽命不斷的增長，但這也代表看護的時間相對拉長了。就算長命百歲，但若沒有健康的身體，就會帶給家人龐大的負擔。

「老年時經營健康獨立的生活，還能貢獻社會才好」的觀念（成功老化，successful aging）擴散到社會當中，使得不想依賴任何人的高齡人士越來越多。

消除父母的不安是兒女的責任。假如要替父母的將來打算，就要委婉的跟他們談論未來的事。

窩心建議

要增加跟父母對話的機會。委婉的談論將來的事情，讓父母感到安心。

22 我說的，他不信；電視上講的，他就信

爸，您又把蔬菜剩下來了…
我年紀已經大了，只吃喜歡的東西有什麼不對？
NHK的節目說要吃掉喔。
番茄有○○○，
青椒有○○，對身體很好。
那又怎麼樣？
真是的！我是擔心您的身體才這樣說的，出了事我可不管！
啊…
竟然吃得一乾二淨。

22 為什麼父母喜歡看公視？

父母觀賞的電視節目大多來自ＮＨＫ（按：日本廣播協會，為公共媒體機構），而且多半對ＮＨＫ的資訊寄予莫大的信賴。明明還有很多頻道，爸媽卻不會轉臺看別的節目。就算想要跟父母一起看電視，也會擔心喜好不同，而猶豫要不要轉臺。

日本老人家經常觀賞ＮＨＫ的理由之一，是因為內容淺顯易懂，且每個節目的講解和對話速度平穩，措辭也很嚴謹，標示的文字也很大，對老人家來說親切。

另外，ＮＨＫ有許多老人家會感興趣的節目，如貼近日常生活、以健康為主題，或是播放跟當地有關的內容，都讓老人家產生親切感和安心感。ＮＨＫ也有將某事件挖掘到底、提供各種知識的節目，也都很討長輩喜歡。

此外，有些節目還有專以老人家為對象，電視臺尊重高齡人士的態度讓人十分放心。

有了這些要素，也難怪父母會喜歡ＮＨＫ。隨著年齡漸長，對各種事物的興趣容易變得淡薄，這時熱愛看電視，也不是件壞事了。

窩心建議

當父母不聽勸而感到為難時，一句「ＮＨＫ講過喲」就能有效化解僵局。

祝草莓生日快樂～
祝牛奶生日快樂～
我生日時，妳們就忘了買蛋糕啊。
小狗用的蛋糕

第五章 看護爸媽要怎麼做？

兒女拚命看護雙親，弄得筋疲力盡……

為了父母所做的事情，卻白忙一場。

真不曉得接下來該怎麼辦？

【心靈輕鬆小語①】

聽出老爸老媽的心情

了解父母心情的第一步，就是嘗試傾聽父母講的話。關鍵是，**不只是對我們說的，就連爸媽對周遭的人談到的事情，以及自顧自嘟囔的內容也要聽進去**。然後要思考這些話真正的意義，以及隱藏在話語中的真意。

假如在探究這些問題時，能先了解父母的性格，會更有幫助。會認真衡量父母性格的子女，其實意外的少，麻煩各位接下來要試著注意父母的喜好、厭惡和感情。

人成長的環境和發生的事，會大幅影響一個人的性格和行動。所以不妨問問看，父母從小到現在經歷過什麼事，生活中會思考和衡量哪些問題，藉由不經意的對話逐漸誘導出答案。一起觀看父母的舊相簿，並詳細詢問當時的情況也是個好方法。從照片拍攝的風景和一併照到的人中，也可以獲得各式各樣的資訊。

談論父母過去的生活時，應該有很多子女難以理解的地方。如果每件事情沒有同樣的經驗，就很難明白當時對方有什麼樣的感受、冒出來的情感有多麼強烈。因此，就算沒有完全理解父母的一切也沒關係。但正因為無法完全理解，才必須時時觀察，以免因彼此觀念不同和偏見，而束縛或傷害對方。

一般來說，人生當中最大的事件，是屆齡退休和配偶的死亡。當父母面臨這些問題時，要溫柔而踏實的支持他們。假如是屆齡退休，就要設法事先發掘工作以外的樂趣。要注意的是，強硬的講法可行不通。

假如兒女催促道：「爸，趕快想好退休後要幹什麼吧！」搞不好父母會反彈：「（哪怕沒在想也要說）我有好好在想了！」建議各位說話時要讓父母心服，溫柔的詢問：「退休後有什麼計畫嗎？您似乎有想法了吧。」

01

先把老媽騙出門再說

媽，拜託您搭上車子吧！
誰要上車啊！
那個地方很舒適，可以泡澡。
沒錯，溫泉，去泡溫泉吧！
今天要去飯店吃好吃的飯喔。
今天妳跟老人家說要去〇〇百貨公司嗎？
總之只要媽搭上車，我們就贏了，反正老人家會忘記的。
今天妳女兒對妳說了什麼？
我記得是要去百貨公司⋯⋯
老是對父母說謊，我養出來的孩子還真沒出息啊。

01 騙、拐、勸誘，讓爸媽接受護理得出招

儘管日間護理服務的專車來接父母，他們卻不肯乖乖搭上去——剛開始接受日間護理服務的高齡人士都會這樣，搞得每次拚命勸解的家人疲憊不已。

需要看護的老人光是動一下身體，都要花很大的力氣。對他們而言，日間護理服務非常麻煩，還不如在家裡躺著或看電視來得輕鬆舒適。因此有些人光是想到要去日間護理服務處，就會覺得有壓力。

對於失智症患者來說，日間護理服務處是陌生的地方，周圍都是不認識的人。又不曉得該做什麼，行為舉止要怎麼表現，於是就會產生不安和恐懼。

另外還有一個理由，是父母沒有實際從日間護理服務中，感受到自家

沒有的魅力。剛開始父母再怎麼樣也會先強烈排斥，覺得「很麻煩」、「都是不認識的人」，這也是沒辦法的。所以子女要試著鼓勵父母，讓他們實際感受其魅力，像是告訴他們：「那裡有親切的看護」、「泡澡很舒服」、「能夠交到朋友」。

窩心建議

剛開始父母還不習慣日間護理時，家人要盡量同行，讓他們能夠安心。

02 醫生、看護，爸媽傻傻分不清楚

謝謝您一直以來的照顧，醫生。
田中太太，我不是醫生喔。
我是看護。
只是個老太婆看護。
您在說什麼啊，醫生。
多虧了醫生，不曉得幫了我多少忙呢。
婆婆，主治醫生說要晚10分鐘才會來。
主治醫生？
喔～那個老頭嗎？

02 對看護人員過於低聲下氣

兒女在看護父母時會產生疑問，那就是父母對看護和看護設施人員的態度。爸媽會表現得過於謙卑，往往讓人覺得沒必要做到那個地步，最後還開始稱對方為「醫生」。

父母對護理相關人員低聲下氣，是因為人原本就對上下關係（階級）很敏感。衡量與對方的關係而調整自己的態度，是在社會生活時所需的能力，就算年紀大了也不會衰退。

以看護來說，受到照顧的一方身體無法自由活動，所有事情都要接受看護的輔助，就算說生活和性命掌握在對方手上也不為過。因此為了保全自身安危，對看護的態度就會相當恭敬。

從兒女的角度來說，看到父母對別人謙卑過頭，或許會覺得不好受。

這種時候不妨想想，老人家受到許多護理相關人員的照顧，總比父母用失禮的態度對待大家來得好。

窩心建議

父母有優異的直覺，可以分辨護理相關人員的好壞。根據父母的態度也值得參考，看護值不值得信任。

03 媽媽不肯穿紙尿布，走到哪裡都漏尿

媽，您今天一定要穿上紙尿布！
因為晚上要去高級餐廳。
誰要穿那種玩意啊！
媽，您怎麼了？
坐立不安…
不，我有點…
啊……，憋尿失敗了對吧。
我都講了多少次要穿上了…
有什麼了不起的！我可沒忘記妳以前在浴室裡頭拉屎喔！
等…等一下。
那是嬰兒時的事情…我已經43歲了。

03 就算勸過，父母還是不肯乖乖穿尿布

父母常常忍不住尿意，不但造成生活不便，還增加善後的負擔，這時兒女的腦中就會浮現「包尿布」這個選項。要是問父母接不接受尿布，有時他們還會怒吼：「別太過分了！」

請各位想像一下自己站在父母的立場，假如身體衰退必須穿尿布，得要由家人處理便溺，自尊心肯定會大受傷害。

進行看護時，減輕看護者的負擔和提升作業效率當然很重要，不過同時也要顧及受顧者的尊嚴。

當事人不願意穿尿布時，**還是不要強迫他比較好**。體貼父母的心情才會有圓滿的看護。當然，也有一些老人家非常怕憋不住尿意，反而會希望穿上尿布。

活用攜帶式廁所來代替尿布也是個好辦法。另外，只要事先掌握父母平常想上廁所的時機，抓緊時間帶他們去廁所，也能減少憋尿失敗的次數。

窩心建議

想一想父母討厭尿布的理由。最好花點心思考怎麼做才能讓爸媽不會憋尿失敗，別強迫他們穿上紙尿布。

04

居家看護要來，反而害媽媽拚命打掃

沙沙
沙沙
擦拭
擦拭
明明孩子的媽身體不好，連一根頭髮都不會撿，今天是怎麼搞的？
這是怎麼回事呢？
我可說不出口…
你們好－我是看護宮川。
因為男性看護會來到家裡，
就只有這個時候，媽才會打掃。

04 為什麼父母要在看護來之前打掃？

我們可以經常看見，父母在居家看護來的當天早上打掃，搞得家人也擔心請居家看護來家裡，是不是造成父母的負擔。究竟父母是以什麼樣的心態打掃家裡呢？

雖然年邁的父母身體很脆弱，但他們所擁有的自信和自尊，是以前在職場上幹練的做好工作和家事獲得的。

現在父母的身體不能隨心所欲活動，周遭的人便認為他們什麼也做不到，於是老人家會感到強烈的挫折。

而打掃證明了父母還沒忘記成年人該有的禮貌，也表示他們正在維持自尊。既然要迎接看護（客人），就要盡量先把家裡弄乾淨。

假如我們自己受了重傷，身體不能隨意活動，必須有人幫忙，造成生活不便……這時我們也會覺得自己的價值受損而感到不甘心，所以不用強硬阻止父母打掃。

窩心建議

父母沒有忘記成年人的禮貌。就讓他們繼續打掃，不需要強硬的阻止。

05

媽媽有話說不出口，是不想麻煩孩子

婆婆，有沒有什麼希望我們帶過來的？
沒有特別想要的。
我們會再來的。
你們用不著擔心我。
婆婆完全沒有說真心話呢。
她總是說「沒特別想要的」。
啊…
婆婆還站在玄關…
藤澤太太，怎麼了？在看著外面。
再不久就要吃晚飯了。
謝謝你提醒。
婆婆還真寂寞啊…
她真的很想跟你一起生活。
這時的婆婆…
哇哈哈哈
哇哈哈
田中老弟，全部的坐墊你都拿到了！

05 想要兒女做點什麼，卻說不出口

就算問父母「有沒有想要的東西嗎？」、「有什麼想做的事？」他們也一律回答「沒有特別想要的」。每每聽見這個答案，子女總覺得自己不被信賴。

父母大都不想麻煩孩子，所以做事小心謹慎、有所顧慮。他們不希望依賴兒女，也可能是因為受到無力感侵襲，喪失欲望。這種「做什麼都沒用」的感覺就叫做「習得無助感」。

一旦人的身體衰退之後，自己能夠行動的範圍變窄，就會累積壓力。假如自己做不到的事情越益增加，就不得不由旁人照顧。高齡人士認為自由被剝奪，無法自行掌控去哪裡、做什麼、吃什麼，於是逐漸積壓挫折感。隨著類似的事情重複發生，就會覺得「反正做什麼都沒用」，便不肯說出自己的期望。

父母難以說出自己的期望時，只要提供幾個選項，他就很有可能從中選出答案。我們要記得平時在可能的範圍內，**讓父母擁有選擇權**。

窩心建議

要事先研究父母的喜好，就算他們沒有主動說出期望，也可以提供選項，讓爸媽做決定。

06

忘了錢包放哪，卻記得裡面現金總額

啊！我錢包被偷了！
又開始了⋯
我跟媽一起來找吧。
錢包不是妳偷的嗎⋯？
我怎麼可能做那種事⋯
裡頭放了好大一筆錢啊。
7320日圓。
媽，是這個對吧。
啊～就是那個。妳在哪找到的？
7342日圓嗎⋯
數字總是幾乎吻合啊。

06 父母老把家人當賊看

當爸媽的錢包不見，孩子在家裡幫忙尋找時，父母竟冷不防怒吼：「是你偷的吧！」兒女不但要被迫陪他們找錢包，還要無端遭到懷疑，讓人既傷心又生氣。

這種症狀稱為「被偷妄想」，經常發生在失智症患者身上。通常東西不見時，一個人會採取的行動是回想自己做的事、走過的道路、若還找不到就去問別人。

不過要是罹患失智症，就很難比對現在獲得的資訊和過去的記憶，進行複雜的思考，於是只看到「錢包不見」的結果，更輕率的認為「一定是有人偷了」。再加上失智症患者的判斷力薄弱，分不清這種念頭是真實還是想像，所以無法判斷「錢包不見了」，於是說：「是那傢伙偷的！」馬上把矛頭指向對方。這時就算回嘴：「我怎麼可能偷！」也只會讓他們情緒激動。這時最好提議一起尋找失物。

窩心建議

父母並不是真心懷疑家人。我們要一起尋找，並思考如何才能迅速發現錢包。

07

老媽明明很貪吃，正餐卻一口也沒動

媽
您沒吃東西啊？
這好奇怪啊…
嘴饞貪吃的
媽媽竟然…
介護
Q&A
沒有吃的理由
失智症的影響
嘴巴內的問題
身體不適
藥的副作用
有時理由
還錯綜複雜…
妳的份呢？
精神上的煩惱
顧慮到別人的情況
姿勢不正很難吃飯
桌椅的高度不合
便祕
東西很難吃
假如是我的
料理難吃
就太嚇人了…
剛才點心
吃太多了啊…

07 爸媽變得不吃東西

兒女難得準備餐點，父母卻沒有吃，讓人擔心要是這種情況持續下去，父母的身體狀況會不會變糟，或營養不良。

一般來說，老人家沒吃飯的原因，就如上一頁的漫畫一樣五花八門，有時理由還不只一種。

失智症的厭食症狀，在病情惡化嚴重的階段中非常常見。這時腦部功能低落，食慾中樞也受到影響，導致空腹的感覺消失。就算用餐後隔了一段時間，也往往沒有空腹感。

因為食慾中樞障礙所引發的症狀不只是「厭食」，還有「暴食」。暴食跟厭食相反，人感覺不到飽脹感而大吃特吃。就算家人一天三次妥善準備餐點，也會引發老爸老媽「沒給自己吃飯」的被害妄想，甚至招來謾罵及暴力。

子女要記得盡量在早期階段，跟專科醫生諮詢。沒有吃或吃太多絕對是不好的訊號。我們要查明原因，再做適當的處置。

窩心建議

沒有吃的理由很難分辨，要盡快跟專科醫生諮詢。

08

老媽忘了生活許多事，卻記得我的生日

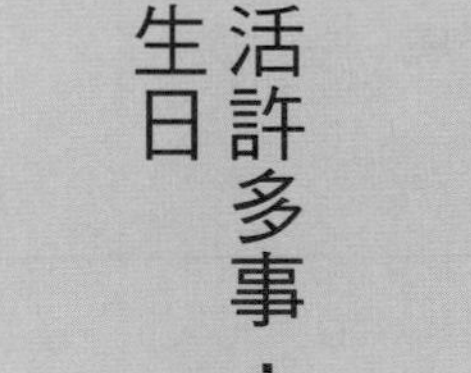

惠子回來得真慢啊。
不不不，我就是惠子…而且現在是早上…
現在要為觀眾預報6月9日今天的天氣。
6月9日…
今天是惠子的生日，妳能不能跟我一起去買蛋糕呢？
咦？您還記得啊！
昭和49年6月9日早上7點31分出生，體重3057公克。
要是忘掉這個數字，我就不是母親了！

08 爸媽居然忘了我是誰

如果某天，父母看了女兒的臉，奇怪的問：「妳是誰？」面對著明明是養育自己的人，竟然忘了家人的臉，對孩子來說是個很大的打擊，讓人感到既悲傷又寂寞。

罹患失智症之後，腦部的功能就會慢慢衰退，記憶的功能也會逐漸低落。其中的「長期記憶」持續保存比較良好，像是兒女的名字或其他屢次講到和回想過的事情，就會確實儲存在腦子裡。

話雖如此，但我們知道失智症沒有辦法遏止惡化，老人家的長期記憶也會慢慢喪失。屆時，即使是最近發生的事情，爸媽也會遺忘。就算記得有孩子在，也忘了他們已經長大。不但認不出眼前的人是長大後的兒子和女兒，甚至到處尋找年幼時的孩子。

失智症是疾病，喪失記憶是症狀，忘記兒女也無可奈何。明白這一點之後，多少能減輕悲傷和寂寞了吧？

窩心建議

就算喪失記憶，對兒女的愛也永遠不變。父母給予的關愛回憶會持續活在孩子的心中。

09

總是亂塞垃圾，連禮物也被當成垃圾

啊！媽連這種地方都塞垃圾進去…
點心的袋子，尿布，擤過鼻涕的衛生紙…
垃圾袋
惠子，真抱歉老是麻煩妳。
不過孩子的媽也沒有惡意，妳就原諒她吧。
啊！
是爸之前給媽的生日禮物。
怎麼了？
不，沒什麼…

09 老是隨手把垃圾塞在看不見的地方

當子女整理失智症父母的房間時，發現抽屜裡竟塞滿垃圾。對比父母以前一絲不苟的樣子，差別之大讓人感慨。為何失智者會囤積垃圾和廢棄物呢？

失智症患者的腦部功能低落，很難對照眼前的資訊跟過去的記憶。比方說，發現點心的空袋子或有其他垃圾時，沒辦法跟以往的記憶對比，判斷要把吃完食物後所產生的垃圾扔掉。然而，放著不管，他們自己也會覺得噁心，於是想先藏在某個地方再說。之後，當事人忘記自己有藏東西。

家人看見囤積的垃圾後，就會忍不住吐出難聽的字眼，但這麼做完全是反效果。斥責之後當事人會激動，有時還會引發別的麻煩。難受歸難受，最好還是暗中整理，不要開罵。

窩心建議

父母並不是刻意製造髒亂。
父母的垃圾只要順手整理就好。

10

地上溼溼的，該不會又是爸媽亂小便？

誰尿在這裡的啊？
咻—
難不成是媽她……
她之前有好幾次都來不及去廁所啊。
媽，天氣真好呢。
撫摸撫摸
屁股沒有溼掉…
是正在練習上廁所的女兒嗎，
還是小狗波恩…
沒有溼掉…
撫摸撫摸
尿尿積得還真多，不是你做的嗎…
嘩啦—
嘩啦—
漏雨了！
噗啾

10 自己的家，卻連廁所在哪都不知道

高齡者不曉得廁所在哪裡，便急得到處找，可是他們不但沒有找到，還忍不住尿意，最後就在房間或走廊解決——明明是熟悉的家，為什麼老爸、老媽不知道廁所在哪呢？每次父母憋尿失敗，要幫忙善後也很麻煩。

這是失智症惡化後會出現的症狀。一旦腦部的功能低落，了解自身所處狀況的能力就會出現障礙。由於很難搞懂時間、地點、人物這三個要素，不清楚「現在是什麼時候？」、「這是什麼地方？」、「你是誰？」，所以就算在自己的家裡，也會分不清自己現在在哪。就像處在陌生的地方，連廁所的位置都不曉得，在尋找時就會忍不住，導致憋尿失敗。

一旦陷入不知道自己在哪的窘境，任誰都會被龐大的不安所侵襲。失智症患者總是在跟這份不安戰鬥。就算尿出來我們也不要斥責，只要暗中

清理就行了。

就算在父母憋尿失敗時，告知他們廁所的位置，他們也會立刻忘記，重蹈覆轍。只要花點工夫在家中設置標誌明示廁所的地點，相信失敗次數也會變少。

窩心建議

「理應知道」不適用於失智症患者，應對時要萬般謹慎。

11 沒工作還要穿戴整齊出門上班

爸，您早就退休了……
我要走囉。
這種男人很多嗎？我家的媽媽就不是這樣。
雖然有兼過差。
他每週發作二到三次喔。
長的時候會步行一個多小時，實在很辛苦。
他去哪裡？
他以前在一家公司上班，但已破產倒閉了。
雖然換了好幾次工作，不過該說是有男子氣概嗎……
爸，您要去哪裡啊？
當然是○○證券囉！
他就只會說最大間的公司名稱。

11 跑回舊家騷擾現在的住戶

父母明明已經退休了，一到早上還急忙的穿衣服要去公司。就算提醒他們已經離職，父母也不聽勸阻而外出……搞得家人很煩惱。這是失智者的徘徊現象（按：指漫無目的的亂走，約有一〇%的失智者會出現這種情況）的一個例子，有的則是會回到遷居前的房子和娘家。

失智症患者的記憶會先喪失新的，再遺忘舊的，所以患者會不清楚自己現在所處的狀況。

不曉得自己屆齡退休、也不知道現在的住處，於是跟以前一樣出門工作，或是覺得這不是自己的房子，想要回到記憶中的家。

搞不懂自己現在的狀況，就等於迷失了自己是誰（身分認同）。他們會回溯過去的記憶，是因為當時已經確立自己的身分認同。

假如試圖阻止老人家徘徊，他們只會覺得周圍的人不認可自己，進而招來混亂。我們能做的是，盡量暗中看住父母。

窩心建議

以應對措施來看，「排解情緒」會很有效。不妨提議「喝杯茶」或其他轉換心情的方案。

12

爸媽整天在睡覺，但對自己孩子的聲音有反應

特別養護老人之家
雲雀
婆婆，我帶了您最喜歡的布丁來囉～
不行…連眼睛都張不開。
最近不管何時來都一直在睡…
吸吸ーー
媽，我是阿學喲，您還好嗎—？
啪嚓
無論在什麼狀態下，
都不會忘記兒子的聲音…

12 驚覺父母總是在睡覺

看見父母整天睡覺，讓人擔心要是就這樣一覺不醒，該怎麼辦。這種狀態會是某種訊號嗎？

老人家幾乎所有時間都在床上迷迷糊糊的度過，這是失智症惡化至臥病在床後，經常出現的症狀，稱為「傾眠狀態」。

罹患失智症時，腦部的功能會低落，意識不清，這是造成傾眠的主要原因。

當身體和腦部的功能衰退後，人很難對周圍的呼喚起反應。一旦反應變少，周圍能夠傳進耳裡的呼喚聲也會變少，於是陷入腦部功能更加低落的惡性循環。

若想盡量防止患者腦部功能低落，就要記得即使他們意識不清楚、反應遲鈍，都要持續從外部刺激。例如**不斷呼喚**、**握手及溝通**。因為腦部的功能也跟肌肉一樣，沒有使用就會逐漸衰退。

窩心建議

沒機會說的話、想詢問的事，要不斷對父母提出來，積極溝通，防止他們的腦部進一步退化。

13

忘了吃飯沒，卻記得整套收音機體操

日間護理服務的大姐，午飯還沒好嗎？
妳剛剛才吃過喲。
藤代女士以前連碗筷都會一起收拾…
這樣啊…現在她的記憶力也衰退得厲害…
今天下午的體操就由新人阿南示範。
咦？我嗎？
五、六、七、八。
咦？下個動作是什麼？
最近的年輕人連收音機體操都記不住啊…

13 什麼都忘了，體操動作卻記得很清楚

失智症會讓人忘掉各種事情。儘管如此，有的老人家卻沒有忘記收音機體操的動作和順序，做得有模有樣。看到老爸、老媽這個樣子，兒女們會稍微鬆了一口氣。但為什麼記憶力再怎麼衰退，他們還是會記得收音機體操呢？

簡單來說，是因為長期養成習慣。老人家不斷的做收音機體操，所以資訊會牢牢銘刻在腦子裡，哪怕失智症惡化也很難受到影響。罹患失智症時，短期記憶容易衰退。一般來說，短期記憶在幾十秒到幾分鐘之內就會忘記。只不過，其中特別重要的記憶會蓄積在大腦，化為長期記憶。即使罹患失智症，長期記憶能保存較好。

像收音機體操這種涉及到習慣的記憶，在長期記憶當中特別稱為「程

序記憶」（procedural memory）。程序記憶除了收音機體操之外，還有早起刷牙、更換衣物、書寫文字、使用工具和駕駛車輛等動作。

失智症並不是忘了一切，所以盡量活用失智患者尚存的記憶，為他們找出更理想的生活。

窩心建議

失智症的父母也有沒忘掉的記憶，要找出來加以活用。

14

老爸老媽一直要去跟（已經過世的）兒子見面

媽，您要去哪裡？
妳爸打電話，說勝男肚子餓了，要送些吃的過去。
勝男，
是我出生前就過世的哥哥。
雖然平常媽要出門閒晃時，我都會阻止她…
媽，既然這樣就開車去吧。
轟隆隆
空
那裡是我2歲以前居住的地方…
好奇怪啊，應該是在這裡啊…
…
剛才爸來了聯絡，說勝男已經在別的地方吃過飯了。

14 為什麼父母會堅信自己編造的謊話？

當父母開始打理服裝，並說「兒子在叫我」或其他莫名其妙的話時，子女若試圖糾正兒子早已過世，父母會怒火中燒，家裡的氣氛便一發不可收拾。為什麼高齡失智症患者會編造違背事實的話呢？

其實這跟失智症無關，平常我們的記憶就不一定正確了。比方說看到搶劫皮包的歹徒時，雖然記不清犯人的長相，但如果別人問：「是不是眉毛很濃的那個人？」會覺得似乎就是那樣，進而製造虛假的記憶。

罹患失智症時，「從哪裡取得某項資訊的相關記憶」和「判斷這項資訊是事實還是想像的能力」會衰退。因此，患者會串連當時偶然聽到的「兒子」、「在叫我」和其他關鍵字，編造虛假的記憶。

當事人會對假記憶信以為真。我們要暫時接受父母的說法，而不是強硬否定或糾正。

窩心建議

編造的記憶對當事人來說是真實的。應對時要傾聽和回覆巧妙的謊言，不要直接否定對方。

15 抗拒洗澡

媽，您已經3天沒洗澡了。
我有洗啦！
她根本沒洗啊。
我去請她洗她會更不甘願吧。
說到不肯聽話去洗澡的理由…
想在自己喜歡的時候洗澡
我得了感冒，還是算了。
身體不適
※也有人是「因為月經」。
總覺得提不起勁
因為不在晚上
沒辦法理解為什麼要入浴
異性或是不認識的人（她主觀認定）請她去洗澡
不想裸露身體（怕羞或怕冷）
還有其他各種原因…
爸，雖然機會渺茫，但您能不能試試看請她一起去洗呢？
畢竟是長年一起生活的夫妻嘛。
哈哈哈…
喂！你們別拿自己的父母開玩笑啊！
我死都不要跟你一起洗！
拒絕得最為強烈…

15 怕有人危害自己，所以不洗澡

不管我們好言相勸多少次，父母就是不肯輕易洗澡，有時還會抵抗及發狂。看護跟家人會嫌髒，更擔心爸媽身上有臭味，所以想方設法的讓爸媽清潔身體。

爸媽拒絕入浴的理由有很多，其中最常見的是自我防衛。對當事人來說，他們很抗拒入浴時，要別人幫忙脫衣服。任誰暴露在沒有防備的狀態之中，都會感到不自在，於是自我防衛就發生作用。

尤其許多失智症患者不記得別人有叫他洗澡，所以當他人驟然幫自己脫衣服，自我防衛就更容易發揮作用，「厭惡」感就越強烈。即使幫忙脫衣服的是自己的孩子，他們有時也會感到恐懼，深怕別人會危害自己。

要有效緩和父母的不安，在去浴室之後，先聊一會兒天。等到老人家心情平復之後，再跟他們說一次要洗澡，成功率就會提高。另外，明亮的白天比夜晚更容易讓人放心，要盡量趁著太陽還沒下山的時候入浴。

窩心建議

要記得花時間平撫老人家的心情以讓他們安心。還要思考父母討厭入浴的真正原因。

16 分辨不出白天和夜晚

都這麼晚了，竟然沒讓小孩子睡覺。
妳在說什麼啊？現在是白天喔。
奇怪的是你吧，孩子的爸。
妳說什麼？
媽，等一下。
哎呀？不是晚上啊。
唰—
因為下雨有點陰暗，所以搞錯了吧。
我要去一下超市。
呼啊～啊
現在是半夜啊！妳怎麼睡糊塗了？
媽，我陪您去吧。
不要緊嗎？
謝謝妳。
哎呀，好暗！
明天白天再一起去吧。

16 白天都在睡，晚上起來鬧

明明是白天，高齡失智症患者卻常常誤以為是晚上，或是反過來把白天當夜晚。單單搞錯影響還不大，但若在睡覺的時間醒來或行動，就會睡眠不足，導致身體狀況下降，讓人不知如何是好。

人老了之後，常常晝夜顛倒（按：其原因是老人腦部生理時鐘調節變差，白天睡太多，或是喝到刺激性飲料等）。而罹患失智症的人出現這個情況，則是因為調整生理時鐘的腦部功能衰退，而有了夜晚徘徊和譫妄等症狀，弄得家人很為難。

失智症的徘徊現象有時是出於某種目的，有時則是由神經障礙所引發，與本人的意志無關。上一頁的漫畫當中說出要「去超市」，就屬於前者。前往的地點跟本人的身分認同關係密切，比方說，一直扮演主婦和母親角色的人，就會不由自主的走向超市。

對於徘徊，兒女往往會採取應對措施，讓父母沒辦法從家裡外出，但這不能消解當事人的需求，所以不建議這麼做。我們最好盡量陪伴老人家，當他們想外出時，就分散其注意力。

窩心建議

父母徘徊時往往會去以前幸福生活的地方。假如孩子願意聽聽老人家當時的事情，或許就能讓父母放心。

【心靈輕鬆小語②】

失智症為什麼不好受？

阿茲海默症和其他非為腦血管病變類型的失智症，是由大腦新皮質的損傷所引起。損傷並非失智症，因為受傷以至於妨礙到日常生活時，才會判定為失智症。

大腦新皮質在腦部的最外側，內側有古皮質和舊皮質等區域。從進化論的觀點來看外側的腦部很新，掌管複雜的功能，而且也容易損壞。

另外，大腦新皮質層具備人類應有的認知功能。

「人類應有」指的是關於吃穿住的各種日常行為。比方像是身穿衣服、遵守禮儀和保持清潔等。只要想想「黑猩猩做不到，而人類做得到的事情」，或許較容易區分。說白一點就是穿脫衣服、使用筷子吃飯、刷牙、洗澡和上廁所排泄等，我們平常能理所當然完成的事情。

換句話說，假如掌管人類應有功能的大腦新皮質受到損傷，就無法做到以往生活中理應做得到的事情。哪怕是還在工作的人，只要經歷過因為疾病和受傷等變故，以至於不能憑一己之力過日常生活，就會明白這有多麼不好受。有時還可能會喪失人類應有的尊嚴。

得了失智症，最難受的就是當事人，家人要理解患者的心情，看護並協助他活下去。

遺憾的是，許多失智症現在尚未發現預防的方式。不過有個延緩發病的辦法，那就是提升腦部的「預備能力」。腦部因損傷而衰退、失去的功能，由大腦其他的區域負責和彌補。我們稱這種腦部的特性為認知儲備（cognitive reserve）。從以往的實驗當中可知，許多高齡者的案例，是同時使用腦部的兩個地方進行一項思考或動作，這可以說是年齡增長後腦部發達的結果。

提升腦部預備能力的祕訣在於**平時要經常用腦**。若從年輕時孜孜不倦的努力，成果就會顯現出來。無須想得太複雜和進行困難的事情，只要堅持**每天閱讀**、**運動**等即可。

雖然得了失智症，裁縫的手藝卻完全不輸給媽媽。

【後記】
「親子」是理所當然的奇蹟

我的岳父母精力充沛，七十幾歲還在工作，最近喜歡去國外爬山。至於我的親生父母則已經不在人世。

雖然從以前就有人說「子欲養而親不待」，但若父母沒有罹患大病，也不需要看護，很難想像從自己出生以來，一直陪在身邊的父母會過世。然而遺憾的是，一般來說，父母會比子女早離開人世。這時不後悔沒及時行孝的人應該只占極少數。

這個世上有各種父母、有各種親子關係。但有一點可以肯定的是，因為有父母在，我們才會存在於這個世間。雖然是理所當然，卻是理所當然的奇蹟。

假如各位看了這本書，除了能因有所共鳴而竊笑之外，還能體察和貼近父母的心情，我也就可以向父母炫耀自己寫了一本好書，幫助人們盡孝道了。

國家圖書館出版品預行編目（CIP）資料

一直以為爸媽不會老：年逾花甲之後，父母都會成為自豪又自憐的矛盾結合體。理解了，你就知道該怎麼幫助父母過得更好。
／佐藤真一監修；北川夏漫畫、插畫；李友君譯. -- 二版.
-- 臺北市：大是文化有限公司, 2023.04
368面；14.8 × 21公分.--（EASY：113）
譯自：マンガで笑ってほっこり 老いた親のきもちがわかる本
ISBN 978-626-7251-41-6（平裝）

1.CST：老年　2.CST：老年心理學　3.CST：親子關係
4.CST：漫畫

544.8　　112000808

EASY 113

一直以為爸媽不會老

原 書 名／《老爸老媽到底在想什麼？》
監　　修／佐藤真一
漫畫、插畫／北川夏
譯　　者／李友君
責任編輯／陳竑悳
校對編輯／馬祥芬
美術編輯／林彥君
副總編輯／顏惠君
總 編 輯／吳依瑋
發 行 人／徐仲秋
會計助理／李秀娟
會　　計／許鳳雪
版權主任／劉宗德
版權經理／郝麗珍
行銷企劃／徐千晴
行銷業務／李秀蕙
業務專員／馬絮盈、留婉茹
業務經理／林裕安
總 經 理／陳絜吾

出 版 者／大是文化有限公司
臺北市 100 衡陽路 7 號 8 樓
編輯部電話：(02)23757911　購書相關資訊請洽：(02)23757911 分機 122
24 小時讀者服務傳真：(02)23756999　讀者服務 E-mail：dscsms28@gmail.com
郵政劃撥帳號：19983366　戶名：大是文化有限公司

法律顧問／永然聯合法律事務所
香港發行／豐達出版發行有限公司 Rich Publishing & Distribution Ltd
香港柴灣永泰道 70 號柴灣工業城第 2 期 1805 室
Unit 1805, Ph.2, Chai Wan Ind City, 70 Wing Tai Rd, Chai Wan, Hong Kong
Tel：2172-6513　Fax：2172-4355　E-mail：cary@subseasy.com.hk

封面設計、內頁排版／孫永芳　印刷／緯峰印刷股份有限公司
出版日期／2023 年 4 月二版　定價／新臺幣 390 元（缺頁或裝訂錯誤的書，請寄回更換）
ＩＳＢＮ／978-626-7251-41-6（平裝）
電子書ＩＳＢＮ／9786267251522（PDF）　9786267251539（EPUB）

MANGA DE WARATTEHOKKORI OITA OYA NO KIMOCHI GA WAKARU HON
By Shinichi SATOH and Natsu KITAGAWA

Original Japanese edition published by Asahi Shimbun Publications Inc., Japan
Chinese translation rights in complex characters arranged with Asahi Shimbun Publications Inc., Japan through BARDON-Chinese Media Agency, Taipei.